Hans Heinrich Eggebrecht
Bachs Kunst der Fuge

W0472068

Serie Piper
Band 367

Zu diesem Buch

Inspiriert und getragen vom Denken der Barockzeit und in beständigem analytischen Eindringen in den kompositorischen Befund entwickelt diese Einführung in Bachs Kunst der Fuge einen neuen Ansatz der Interpretation. Ausgehend von dem B-A-C-H-Thema wird das Werk als eine Aussage Bachs über das menschliche Dasein im christlichen Sinne verstanden – eine Aussage, die schon in dem Grundthema des Zyklus angelegt ist und sich so in dem Werk entfaltet, wie dieses ein Werk über jenes eine Thema ist. – Überzeugt davon, daß in dieser instrumentalmusikalischen Summa von Bachs kontrapunktischem Vermögen noch eine andere Dimension beschlossen liegt als die rein kompositorische, verschreibt sich dieses Buch dem hinter der Erscheinung Verborgenen, um es auch dort argumentativ einzukreisen und zu erfassen, wo es sich dem Beweis entzieht.

Hans Heinrich Eggebrecht, geboren 1919 in Dresden, Musikstudium in Weimar, Studium der Musikwissenschaft, Philosophie und Germanistik in Berlin, Promotion 1949 in Jena, Habilitation 1955 in Freiburg. Dozent in Erlangen und Heidelberg, seit 1961 o. Professor für Musikwissenschaft an der Universität Freiburg.

Veröffentlichungen u. a.: Studien zur musikalischen Terminologie (1955); Heinrich Schütz – Musicus poeticus (1959); Die Orgelbewegung (1967); Versuch über die Wiener Klassik (1972); Zur Geschichte der Beethoven-Rezeption (1972); Musikalisches Denken (1977); Sinn und Gehalt (1979); *bei Piper*: Die Musik Gustav Mahlers (1982).

Hans Heinrich Eggebrecht

BACHS KUNST DER FUGE

Erscheinung und Deutung

Piper
München Zürich

ISBN 3-492-00667-1
Originalausgabe
Dezember 1984
© R. Piper GmbH & Co. KG, München 1984
Umschlag: Federico Luci
Gesamtherstellung: Clausen & Bosse, Leck
Printed in Germany

Inhalt

Vorbemerkung

Dieses Buch wollte ich schon lange schreiben. Aber ich habe mich nicht getraut. Denn die Interpretationsidee, die mir – schon vor Jahren – bei der Beschäftigung mit Bachs Kunst der Fuge kam und mich seitdem verfolgte, läßt sich in ihrem Ansatz und ihrem Ergebnis nicht beweisen. Was sie besagt und worauf sie hinauswill, das läßt sich aufzeigen, durch Argumente einkreisen, durch Indizien erhärten – aber beweisen läßt es sich nicht.

Vielleicht ist es mein Lebensalter, das mir die Freiheit gibt, mich als Wissenschaftler auch auf das von vornherein Unbeweisbare einzulassen. Oder ist es die Einsicht, daß eine Interpretation gar nicht beweisbar zu sein braucht, um wissenschaftlich nicht überflüssig zu sein, und zudem die Zuversicht, daß sie selbst dort, wo sie auf Ablehnung stößt, gleichwohl in den Argumenten und Indizien, die beizubringen sind, einen Wert zu gewinnen vermag? Oder ist es nicht doch die Hoffnung, daß meine Interpretation richtig sein könnte? – richtig in dem Sinn, daß die Deutung durch die Erscheinung gerechtfertigt ist und die Erscheinung durch die Deutung an Einsichtigkeit gewinnt.

Kaum ein anderes Werk der Musik bietet so viele offene Fragen wie dieses späte von Bach. Wird zum Beispiel gesagt: »Der letzte Contrapunctus, die Quadrupelfuge, in Bachs Kunst der Fuge …«, so trägt hier fast jedes Wort ein Fragezeichen mit sich herum. Handelt es sich bei diesem Fugenfragment, das in Bachs Handschrift ohne Überschrift überliefert und im Erstdruck des Werkes als Fuga a 3 Soggetti bezeichnet ist, nach Bachs Absicht wirklich um eine Fuge über vier Themen? War diese Fuge als letzte des Zyklus geplant? Gehört sie ihm überhaupt zu? Und warum nannte Bach diese Kompositionen nicht Fugen, sondern

Kontrapunkte? Und ist der nicht von Bachs Hand geschriebene Titel »Kunst der Fuge« in Bachs Sinn?

So kommt es, daß es gerade über dieses Werk sehr viel philologisch orientierte Literatur gibt. Sie ist unerläßlich, aber ich beabsichtige hier nicht, sie zu vermehren. Sie ist in meiner Schrift überall dort unausgesprochen mit einbezogen, wo es die Interpretation der Musik erfordert (die vielleicht auch ihrerseits zur Klärung philologischer Fragen beizutragen vermag). Überhaupt werde ich hier ganz darauf verzichten, mich mit Meinungen auseinanderzusetzen und strittige Fragen auszubreiten. Die Literatur, der ich verpflichtet bin und die auch dem Leser, wo er es wünscht, dienlich sein kann, ist – nach Stichwörtern geordnet – im Anhang aufgeführt. Meine Darstellung ist darauf bedacht, eine Idee zu verfolgen, nicht aber Quellenforschung zu betreiben.

Bachs Kunst der Fuge wird stets mit besonderer Ehrfurcht genannt. Kaum ein anderes Werk der Musikgeschichte konnotiert so viel Kunstvermögen, aber auch kein anderes ist in so hohem und vielfältigem Maß mystifiziert worden. Daß in ihm mehr gelegen ist, als durch die Begriffe Kunstbuch, Lehr- und Demonstrationswerk, auch Kampfschrift (gegen die musikalische Oberflächlichkeit) umschrieben wird, mehr auch als ein sich ästhetisch mitteilender Sinn, das glaube auch ich – wobei ich davon überzeugt bin, daß Bachs Kunstbegriff überhaupt ein solches ›mehr‹ in sich enthält. Auch meine Interpretation sucht ein in der Erscheinung Verborgenes. Und indem ich mich hierauf einlasse, aufs Unbeweisbare, kann es sein, daß ich die Mystifizierung vergrößere; es könnte aber auch sein, daß ich ihr, gleichsam auf ihrem eigenen Schauplatz, entgegenwirke.

Nach dem Gesagten wird es gewiß nicht notwendig sein, ausführlich zu rechtfertigen, daß es sich bei meiner Schrift nicht um eine Monographie über Bachs Kunst der Fuge handelt. Nicht beabsichtige ich, all die vielen Fragen und Aspekte zu bedenken, die sich hier anbieten, und einen analytischen Kursus durch das Gesamtwerk durchzuführen. Gleichwohl ist meine Schrift auch als eine Einführung in das Werk gedacht, wobei ein bestimmter Ausgangspunkt, eine Idee, den Gang leitet und die analytischen Schwerpunkte bestimmt, die freilich immer wieder den Ausblick erfordern. Daß Bachs Werk als Ganzes aufscheint, obwohl ich es hier nur punktuell, nicht insgesamt zur Sprache bringe, und daß es dabei gelingt, eine neue Möglichkeit des Verstehens dieser Musik zu eröffnen, das wünsche ich mir.

Das B-A-C-H-Thema

So wie die Kunst der Fuge im Erstdruck uns vorliegt, den Johann Sebastian Bach größtenteils noch selbst überwacht hatte und der dann nach Bachs Tod wohl hauptsächlich durch Carl Philipp Emanuel Bach zu Ende geführt wurde und in der Zeit zwischen Herbst 1751 und Ostern 1752 erschien, schließt sie mit einem Fugenfragment. In ihm werden nacheinander drei Themen durchgeführt und miteinander verbunden. Das dritte dieser Themen beginnt mit den Tönen b-a-c′-h, und die Fuge bricht ab, nachdem dieses Thema fugenartig bearbeitet und anschließend erstmals mit den beiden zuvor behandelten Themen kombiniert worden ist.

Wie bei der Kunst der Fuge überhaupt, so auch gibt es bei diesem Fugenfragment zahlreiche Fragen an den Überlieferungsbefund, auf die ich hier hinweise, indem ich sie sogleich beantworte.

Zweifellos ist jene Fuge als Teil des Gesamtzyklus entstanden; eines der zahlreichen Indizien hierfür ist – wie später gezeigt werden soll – die Ableitbarkeit ihres ersten Themas aus dem Grundthema, auf das sogar auch die beiden anderen Themen in ihren charakteristischen musikalischen Substanzen zurückführbar sind.

Die Frage, warum diese Fuge unvollendet blieb, beantwortet Carl Philipp Emanuel Bach, indem er am Schluß des väterlichen Autographs vermerkte: »Über dieser Fuge, wo der Name BACH im Contrasubject angebracht worden, ist der Verfasser gestorben« (wobei hier das Wort Contrasubject, wörtlich »Gegenthema«, besagt, daß dieses Thema als kontrapunktische Gegenstimme zum Ausgangsthema dieser Fuge erfunden ist). Genauer schreibt er in einer kurzen Erklärung, die er den ersten

Exemplaren der Erstausgabe voranstellte: Bach sei »durch seine Augenkrankheit und den kurz darauf erfolgten Tod außer Stande gesetzet, die letzte Fuge, wo er sich bey Anbringung des dritten Satzes namentlich zu erkennen giebet, zu Ende zu bringen«. Und dies ist wohl wie folgt zu verstehen: Bach war – wenn auch durch sein Augenleiden schon längere Zeit gehindert – mit dieser Fuge beschäftigt bis zum Zeitpunkt der Augenoperation Ende März 1750. Diese aber – so berichtet der Nekrolog – »lief sehr schlecht ab. Er konnte nicht nur sein Gesicht nicht wieder brauchen: sondern sein, im übrigen überaus gesunder Cörper, wurde auch zugleich dadurch, und durch hinzugefügte schädliche Medicamente und Nebendinge, gäntzlich über den Haufen geworfen ...« Auch eine zweite vergebliche Augenoperation Anfang April war an diesem Zustand beteiligt: Bach konnte nicht mehr schreiben und war »fast immer kränklich« – bis zu seinem Tod am 28. Juli.

Mit an Sicherheit grenzender Wahrscheinlichkeit sollte die als Fragment hinterlassene Fuge nicht eine Gruppe von Fugen eröffnen – obgleich das Werk im übrigen aus einer Aufeinanderfolge von Gruppen besteht (vier einfache Fugen, drei Gegenfugen usw.) –, sondern sollte als einzelne den Zyklus beschließen, so daß sie zutreffend als Schlußfuge bezeichnet werden kann. Somit würde der am Anfang stehenden Gruppe von vier Fugen über je ein Thema am Schluß eine Fuge über vier Themen korrespondieren (genauer: eine Fuge, die sich aus vier Teilfugen zusammensetzt). Denn so gut wie sicher ist es, daß das Fragment nicht als Tripel-, sondern als Quadrupelfuge disponiert war, indem als viertes Thema das Grundthema des Gesamtwerks eingeführt und mit den anderen drei Themen verbunden werden sollte.

Beispiel 1 (S. 12) zeigt die letzten sieben Takte des Fragments, jene Stelle, bei der alle bisherigen Themen dieser Fuge erstmals miteinander verbunden werden. Im Baß erklingt das siebentönige erste Thema, im Alt das durch seinen Achtelfluß gekennzeichnete zweite Thema, im Tenor das dritte, mit den Tönen b-a-c′-h beginnende Thema und im Sopran eine kontrapunktisch freie Stimme, die kanonisch zum zweiten Thema einsetzt. Mit der Zusammenführung der drei Themen läßt sich das Grundthema kombinieren (zugefügte Stimme), an welches die kontrapunktisch freie Stimme bereits anklingt (eingekreiste Töne).

Die bisherigen Feststellungen besagen in bezug auf das B-A-C-H-Thema zunächst, daß dieses Thema (und wir müssen auch hier sagen: wahrscheinlich, bzw. genauer: höchst wahrscheinlich) das letzte der vielen Themen ist, die in diesem Werk als Variationen oder Metamorphosen des Grundthemas vorkommen. Daß Bach mit den ersten vier Tönen dieses letzten Themas, genauer: mit ihren Tonnamen, den eigenen Namen meint, ist vollkommen sicher und niemals bezweifelt worden.

Zu fragen ist aber, was Bach hier mit der Nennung seines Namens hat sagen wollen.

Bevor wir diese Frage zu beantworten versuchen, sei einen Augenblick innegehalten, um das Verfahren dieser musikalischen Namensnennung und damit einen Zug des Bachschen Denkens zu erkennen, der für das Verständnis auch anderer, später zur Sprache zu bringender Erscheinungen hilfreich sein wird.

Die Töne b-a-c′-h sind hier symbolisch gemeint. Sie sind ein Symbol in dem Sinne, daß zu ihrem musikalisch definierten sinnlichen Bedeuten (hinfort auch ästhetisches Bedeuten genannt) noch ein Meinen hinzutritt, das aus ihrem ästhetischen Dasein nicht unmittelbar hervorgeht, sondern das ihnen von einer außersinnlichen Seite her zugedacht, zugeschrieben wird. Die ersten vier Töne jenes Themas ermöglichen die Zuschreibung des Namens BACH, weil sie b-a-c′-h heißen, aber sie sind der Name nicht. Die Ermöglichung einer Zuschreibung von etwas, das die Töne selbst nicht sind, ist das Kennzeichen des musikalischen Symbols. Oder von der Verstehensseite her gesehen: das ästhetische Verstehen jener Töne reicht nicht aus, um ihr symbolisches Meinen zu erkennen; man muß wissen, daß die notierten Töne im Deutschen b-a-c′-h heißen (im Französischen zum Beispiel heißen sie: si bé-mol–la–ut–si). Das Überschreiten des sinnlichen Verstehens, der Zusammenwurf des ästhetisch-begriffslosen und eines begrifflich wissenden Verstehens, kennzeichnet das musikalische Symbol. Und nun grundsätzlich gesprochen: Bachs Verwendung der Tonbuchstabensymbolik bezeugt, daß das symbolische Denken ihm zugehört, das heißt daß er es nicht als kunstfremd ansieht, wenn er den Tönen ein Meinen zuschreibt, das sie zwar ermöglichen, selbst aber ästhetisch nicht sind, so daß, um dieses Meinen verstehen zu können, das ästhetische Verstehen überschritten werden muß.

Doch was bedeutet es, daß Bach gegen Schluß der Kunst der Fuge im Verfahren der Tonbuchstabensymbolik seinen Namen nennt? Was will er damit sagen?

Bisher verstand man dies verbreitet in dem Sinn, daß Bach sich hier als Komponist dieses Werkes nennt, gleichsam sein Handwerkszeichen ihm einprägt, vergleichbar der Nameneingravierung mittelalterlicher Baumeister oder Bauhütten in den Stein ihrer Bauwerke. Das ist natürlich möglich; beweisen läßt es sich nicht, aber man kann sich damit zufrieden geben (und dabei die doppelte Namensnennung, auf dem Titelblatt des Werkes und hier, in Kauf nehmen).

Eine andere, bisher noch nicht erwogene Deutung, die die hier durchzuführende Interpretationsidee des Gesamtwerks wie in einem Brennpunkt versammelt, geht davon aus, daß das B-A-C-H-Thema in Wirklichkeit ein B-A-C-H-CIS-D-CIS-D-Thema ist: Den Tönen b-a-c′-h folgt eine doppelte Diskantklausel, das heißt eine zweimalige Wendung vom Leitton (cis′) zum Grundton (d′), der Prototyp einer melodischen Schlußwendung, der dadurch gekennzeichnet ist, daß der Leitton den Grundton erreichen will und wird. Und somit könnte es möglich sein, daß Bach mit diesem Fugenthema nicht sich als Autor in sein Werk hat eingravieren, sondern daß er hat sagen wollen: Ich, BACH, will und werde den ›Grundton‹ erreichen, ich bin mit ihm verbunden, dem Bezugston des ganzen Werkes, dem Ausgangs- und Zielton seiner gesamten musikalischen Ordnung.

Diese Deutung findet eine Stütze in der höchst auffälligen Form der Klausel. Deren Wiederholung ist hier vor dem Hintergrund des kompositorischen Denkens der Bach-Zeit zu sehen. In der barocken Lehre von den musikalisch-rhetorischen Figuren gilt jede Art der Wiederholung einer melodischen oder harmonischen Phrase als Ausdrucksmittel der Emphasis. Im vorliegenden Fall handelt es sich speziell um die aus der Rhetorik übernommene Figur des Polysyndeton, die musikalisch definiert wird als modifizierte Wiederholung einer Melodiefloskel auf der gleichen Tonstufe zwecks Steigerung einer Aussage.

Bei der zweifachen Formulierung der Diskantklausel des B-A-C-H-Themas werden sukzessiv deren beide konstituierende Momente hervorgekehrt: zuerst der Zielton d′ (langer Wert), dann der Leitton cis′ (langer und verzierter Wert, wobei hier auch die Trillervorschrift der Handschrift zu beachten ist), gefolgt von dem nun ebenfalls betonten Grundton d′ (langer Wert auf der ersten Zählzeit).

Die Verbindung des Namens BACH mit diesem emphatischen, in seine Bestandteile zergliederten Klausulierungsprozeß läßt den Gedanken aufkommen, daß Bach – ich wiederhole mich jetzt – hier nicht hat sagen wollen: Ich, BACH, habe das komponiert, sondern daß er zu verstehen gibt: Ich, BACH, bin mit dem ›Grundton‹ verbunden, will und werde ihn erreichen. Genauer, wenn auch ein Stück weiter interpretiert: Ich, BACH, bin – wie du es bist – das menschliche Dasein (im christlichen Verstande), der erlösungsbedürftige, im Glauben erlösungsgewisse, aus Gnaden erlöste Mensch. Oder in der Sprache des Chorals, mit dem sich Bach auf seinem Krankenlager zuallerletzt beschäftigt hat: »Vor deinen Thron tret ich hiermit ... Nimm meine Seel in deine Händ ... Gott Sohn, du hast mich durch dein Blut erlöset von der Höllenglut.«

Auch diese Interpretation ist nicht beweisbar – nie wird sie es sein. Und kaum wagt sie sich hinaus in unsere moderne Welt. Sie steht im Verdacht eines Delikts, einer Straftat im Sinne der ideologisch verdorbenen Bach-Exegese. Dies ist in Kauf zu nehmen. Doch stellen wir uns auf die Seite der Verteidigung. Begeben wir uns auf den Weg, um die Indizien zu sammeln, die den Geschworenen hilfreich sein könnten.

*

Dabei verweilen wir vorerst noch bei dem dritten Thema der Schlußfuge, dem B-A-C-H-Thema, um es vor dem Hintergrund des Gesamtwerks musikalisch noch genauer zu erfassen und zunächst von daher – im Sinne unseres Indizienbeweises – seine Aussage näher zu bestimmen.

Andeutungsweise vorwegzunehmen ist schon hier, daß in der Kunst der Fuge eine diatonische und eine chromatische Sphäre zu unterscheiden sind. Und zunächst als These ist es auszusprechen, daß sich diese beiden Sphären ihrem Ausdruck, ihrem Bedeuten nach zueinander verhalten wie das (göttliche) ›Sein‹ und das (menschliche) ›Dasein‹.

Das B-A-C-H-CIS-D-Thema gehört der chromatischen Sphäre zu. In dem Quartrahmen seiner Ecktöne a-d′ enthält es alle Töne eines chromatischen Quartgangs (a-b-h-c′-cis′-d′):

3

Der chromatische Quartgang wurde in der barocken Kompositionslehre Passus duriusculus, »ein etwas harter Gang«, genannt, und dies im Sinne eines »unnatürlichen Gangs«, vor dem »man sich hüten soll«, denn er besteht aus »falschen Relationen einer Stimme gegen sich selbst«. Er ist – als Abweichen von der diatonischen Ordnung – in der Barockmusik Ausdruck für ein Begriffsfeld, das durch Wörter wie Sünde, Verschulden, Elend, Not, Tod umschrieben werden kann. Die vokalmusikalischen Beispiele hierfür sind in Bachs Werk kaum zählbar. Genannt seien der ostinate Baß im Eingangschor der Kantate »Weinen, Klagen, Sorgen, Zagen, Angst und Not sind der Christen Tränenbrot«, den Bach später als Vorlage zum Crucifixus seiner h-Moll-Messe wiederverwendet hat, oder die chromatischen Gänge bei den Wörtern »Ächzen und erbärmlich Weinen« (Kantate 13), »Wer Sünde tut« (Kantate 54), »Mein großer Jammer bleibt danieden« (Kantate 60), »Sein [Gottes] menschlich Wesen (machet euch den Engelsherrlichkeiten gleich«, Kantate 91), wo mit dem chromatischen Gang gesagt ist, daß Gott durch Christus das Kennzeichen des Menschen, die Sünde, angenommen hat.

Das Ich, das in dem B-A-C-H-Thema erscheint, ist das Dasein des Menschen im christlichen, im Bachschen Verstande: das sündige, das erlösungsbedürftige menschliche Dasein. Dies aber hier nur in dem potentiellen Sinne, daß alle sechs Töne des chromatischen Quartgangs in ihm vorkommen; zufolge der Form des Themas jedoch sind diese Töne nicht als chromatische aufzufassen und wirksam. So nämlich wie dieses Thema (in unserer Interpretation) bedeutet, daß die Töne b-a-c′-h durch die doppelte Diskantklausel mit dem Grundton d′ verbunden sind, so auch und dementsprechend sind die im Quartrahmen gelegenen Halbtonschritte, die in ihm anwesend sind, hier aus der Sphäre der Chromatik bereits in die der Diatonik gleichsam entlassen. Denn die Töne b-a-c′ sind leitereigene Töne des natürlichen (reinen, äolischen Moll); und um diatonisch den Leitton cis′ zu er-

4

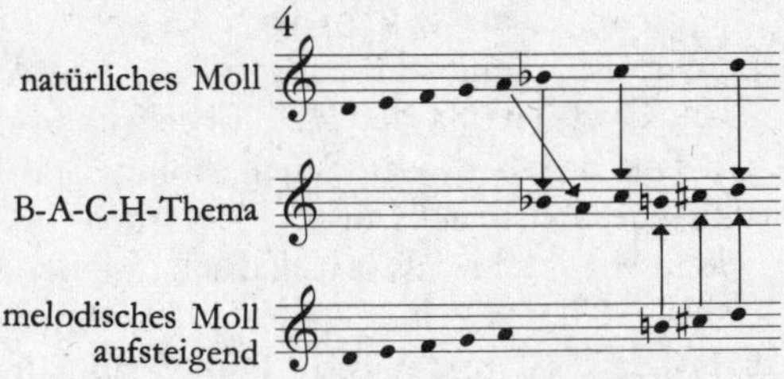

reichen und dabei die unsangliche übermäßige Sekunde b-cis′ zu vermeiden, schwenkt die Melodie bei ihrem vierten Ton in das melodische Moll über, dem als aufsteigender Leiter die Töne h und cis′ zugehören.

Das B-A-C-H-Thema kann darüber hinaus und wesentlich auch in Beziehung zum Grundthema verstanden werden. Der Ton cis′ bildet dessen Mitte, die vom Ton d′ aus erreicht wird und zum Ton d′ hin fortschreitet. In der Umkehrungsform des Grundthemas ergeben sich an dieser Stelle die Töne a′-b′-a′. So

5

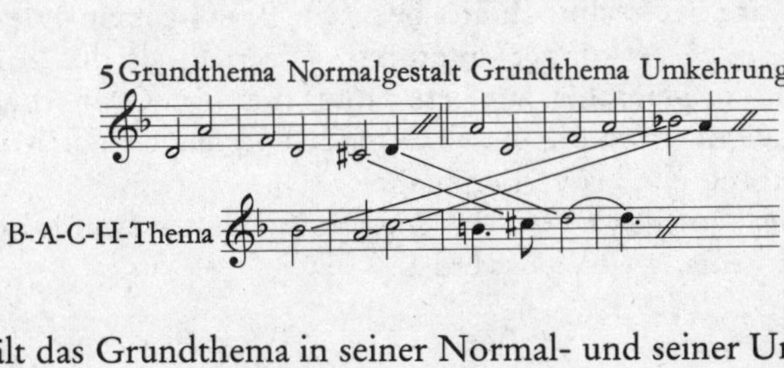

enthält das Grundthema in seiner Normal- und seiner Umkehrungsgestalt die beiden Hauptbestandteile des B-A-C-H-Themas schon in sich, den Halbtonschritt abwärts: b-a, und den Leittonschritt aufwärts: cis′-d′.

Gegenüber der Bedeutung der Töne cis′-d′ als Fortschreitung vom Leitton zum Grundton hat die Tonfolge a′-b′-a′ in der Umkehrungsform des Grundthemas einen pathopoietischen, »leidenmachenden« Charakter, und dies auch hier, wo der Halbton der diatonischen Leiter zugehört, jedoch in der Tonfolge a′-b′-a′ als Höhe- und Wendepunkt der Melodielinie betont hervortritt. Chromatischer Gang und pathopoietische Wendung können in dem Sinn verstanden werden, daß sie – auf unsere Formel gebracht – zwei verschiedene Seiten des ›Daseins‹ bezeichnen: Sünde und Leiden. Ein Relikt des pathopoietischen Ausdrucks bewahrt im B-A-C-H-Thema der Halbtonschritt b-a; und die Fortführung c′-h kann als dessen Wiederholung, also als eine Hervorkehrung jenes Ausdrucks aufgefaßt werden – in der Sprache der barocken Musiklehre als musikalisch-rhetorische Figur der Gradatio (oder Climax), der Wiederholung einer Tonfolge um einen Ton höher, bis dann, quasi als Umkehrung des wiederholten Halbtonschritts abwärts, die Diskantklausel einsetzt.

Somit kann die Diskantklausel des B-A-C-H-Themas unter dreifachem Aspekt verstanden werden:
sie verbindet die Tonfolge b-a-c′-h in ihrer Tonbuchstaben-Symbolik mit dem Grundton;
dabei ergänzt sie zugleich das hier als Diatonik erscheinende Halbtonpotential zum Total der chromatischen Quarte;
die emphatische Verdoppelung der Klausel findet eine zusätzliche Motivation in der Gradatio-Wiederholung des pathopoietischen Halbtons abwärts.

Alle drei satztechnisch und bedeutungsmäßig ineinandergreifenden Aspekte können interpretiert werden als die Willensgebärde des Menschen zur Verbindung mit dem ›Grundton‹, zugleich als Begründung dieser Gebärde und zugleich als Vollzug der Verbindung: als Verbundenheit.

Dabei kann das B-A-C-H-Thema insgesamt aus der Mitte des Grundthemas abgeleitet werden.

Ästhetisches Bedeuten und symbolisches Meinen – die ersten beiden Themen der Schlußfuge

Das Eröffnungsthema der Schlußfuge scheint auf den ersten Blick so wenig mit dem Grundthema der Kunst der Fuge gemeinsam zu haben, daß man es als ein neues Thema bezeichnen möchte. Und doch kann es als eine Ableitung vom Grundthema angesehen werden und dabei zugleich als dessen Reduktion auf das letztmöglich Elementarische eines Fugenthemas überhaupt.

6 Grundthema

8 Erstes Thema der Schlußfuge

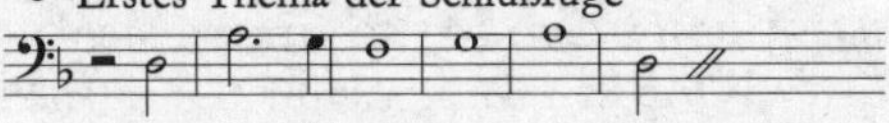

Anknüpfungspunkt sind die ersten drei Töne des Grundthemas, man kann auch sagen: die ersten vier Töne, wenn man im Eröffnungsthema der Schlußfuge den fünften und sechsten Ton (g-a) zunächst als ›Einschub‹ vor dem Wiedererreichen des Grundtons d gelten läßt. Durch den ›Einschub‹ nun aber erhält auch dieses Thema eine symmetrische Anlage: Im Grundthema ist der Leitton cis′, hier die Dreiklangsterz f die Themenmitte, die dort wie hier durch einen Auf- und Abstieg der Melodie erreicht und verlassen wird.

Im Eröffnungsthema der Quadrupelfuge ist – wie in den ersten vier Tönen des Grundthemas – das harmonische Urphänomen der d-Moll-Tonart, der Dreiklang d-f-a, in melodischer Darstellung zum Thema erhoben. Dabei ist der Tonvorrat auf nur vier verschiedene Töne und sind die Tonfortschreitungen auf Quinte und große Sekunde eingeschränkt. Und wie die synkopisch eingeleitete Achtelbewegung des Grundthemas hier fehlt (sie wird dann zum Ausgangspunkt des zweiten Themas), so auch sind neben der kleinen Sekunde e-f auch die Leittonschritte d-cis-d eliminiert. Dieses Thema zeigt keinen Bewegungsimpuls, und es weist keinen Halbtonschritt auf, der als solcher der Initiator pathopoietischer oder chromatischer Fortschreitungen sein könnte.

Das Anfangsthema der Schlußfuge ist in seiner halbtonlosen Gestalt die extremste, die reinste Ausprägung der diatonischen Sphäre. Es ist ein musikalischer Inbegriff der Ereignislosigkeit, des In-sich-Ruhenden, Repräsentation des reinen ›Seins‹ auf der Ebene des Hörbaren. Und wie die letzte Fuge des Gesamtwerks mit diesem zuerst im Baß erscheinenden Thema beginnt, ruht sie insgesamt auf ihm als ihrem Ursprung und Fundament, gleichsam ihrem Cantus firmus. Dies gilt auch und insonderheit für das B-A-C-H-Thema. In den Halbtonschritten, die es konstituieren, ist es – obwohl ebenfalls aus dem Grundthema ableitbar – das Gegenteil jenes Fundaments. Doch wie es selbst gekennzeichnet ist durch die doppelte Diskantklausel, das Erreichen des Grundtons, so steht dieser Erreichensprozeß seinerseits insgesamt unter dem Motto jenes ersten Themas: Das B-A-C-H-Thema ist dessen Kontrasubjekt und auch als solches mit ihm, dem In-sich-Ruhenden, verbunden.

*

Das erste Thema der Schlußfuge hat sieben Töne. Wenn wir die Möglichkeit erwägen, dieser Erscheinung eine von Bach beabsichtigte Bedeutung beizumessen, so betreten wir das Gebiet der musikalischen Zahlensymbolik.

Dabei allerdings muß als erstes ein Berg von Spekulationsliteratur beiseite geschoben werden, die in jüngerer Zeit in bezug auf Bach als Zahlensymboliker erschienen ist und die diese Möglichkeit des Bach-Verständnisses gründlich in Verruf gebracht hat. Hier gilt es, mit der allergrößten Umsicht und Vorsicht zu operieren und von vornherein einzugestehen, daß – zumal in einem nicht textbezogenen Werk wie der Kunst der Fuge – eine von Bach beabsichtigte Zahlensymbolik in keinem Fall mit Sicherheit zu beweisen ist. Es gilt, den Grad der Möglichkeit oder Wahrscheinlichkeit des zahlensymbolischen Meinens einer musikalischen Erscheinung ausfindig und einsichtig zu machen, wobei eine Beschränkung auf jene wenigen Zahlen geboten erscheint, die in der damaligen Zeit allgemein als Symbole bekannt und anerkannt waren. Und besonders zu berücksichtigen ist die Erfüllung der Bedingung, daß das symbolische Meinen der Zahl durch die ästhetische Bedeutung der Erscheinung, an der sie haftet, mitgetragen wird, daß also die Symbolik nicht kabbalistisch oder allegorisch über die Aussage der Musik hinausführt, sondern daß beide Seiten, die begrifflich symbolische und die unbegrifflich ästhetische, unmittelbar sich gegenseitig unterstreichen und beleuchten. (Mit dieser Forderung wird der Interpretation des symbolischen Meinens die Verselbständigung entzogen; sie wird an das ästhetische Bedeuten festgebunden, vermag es zu unterstreichen, zu vertiefen, auch zu ergänzen, dient aber als selbst Unbeweisbares zu keinem Beweis.)

Im musikalischen Bereich liegt Zahlensymbolik dann vor, wenn die Zahl, die in einer musikalisch klar abgegrenzten Erscheinung zählbar ist (zum Beispiel als Zahl der Töne oder der Einsätze eines Themas, als Takt- oder Stimmenzahl eines Formteils, als Zahl der Zählzeiten einer Taktart, als Satzzahl eines Werkes), eine vom Komponisten beabsichtigte Bedeutung (ein intendiertes Meinen) haben soll über den faktischen Zahlwert hinaus. In diesem Fall bezeichnet, repräsentiert oder vertritt die Zahl (und somit die Erscheinung, an der sie haftet) einen Gegenstand oder Begriff, der seinerseits durch die gleiche Zahl charakterisiert ist. Im Unterschied zur später zu behandelnden Symbolik des Zahlenalphabets sprechen wir hier von reiner Zahlensymbolik.

Daß Bach beim Komponieren das symbolische Denken nicht fernlag, das heißt daß er es sich erlaubte, eine ästhetisch veranstaltete Mitteilung mit einem Meinen zu verbinden, das nur mit Hilfe eines zusätzlichen, spezifisch begrifflichen Vorwissens verstanden werden kann, wurde an Hand des B-A-C-H-Themas offenkundig. Während aber die symbolische Beziehung zwischen einer Tonfolge und ihren Tonnamen relativ naheliegt und im Falle des B-A-C-H-Themas zweifellos beabsichtigt und als

Chiffre eindeutig ist (wenn auch die Absicht selbst noch der Interpretation bedürfte), muß bei der Zahlensymbolik in Kauf genommen werden, daß die Zahl, die in einem musikalischen Gebilde gezählt werden kann, dem sinnlichen Verstehen ferner liegt und daß hier die Symbolabsicht – wie schon erwähnt – unbeweisbar und zudem der Symbolbezug vielfältig und je nach Zeit und Traditionszusammenhang unterschiedlich ist.

Die Zahl sieben spielt als vollkommene oder heilige Zahl seit alters im Zahlendenken vieler Kulturen und Völker eine herausragende Rolle: sieben Schöpfungstage, sieben Planeten, sieben Weltwunder, sieben Stufen zum Tempel, siebenarmiger Leuchter, sieben Töne der Oktave usw. – die Möglichkeiten ihres Symbolverständnisses sind unzählbar. Und selbst wenn man sich auf den christlichen Bereich und auf die Zeit des Spätbarocks beschränkt, sind kaum Grenzen gesetzt. Dies bestätigt ein Blick in eine der Schriften des protestantischen Organisten Andreas Werckmeister. In seinen 1707 in Quedlinburg erschienenen *Musicalischen Paradoxal-Discoursen* schreibt er im Kapitel »Von der Zahlen geheimen Deutung« über die Zahl sieben unter anderem: sie sei »eine Ruhe-Zahl« (weil Gott am siebenten Tag geruht hat); sie werde auch »eine Jungfräuliche Zahl« genannt; auch »eine heilige Zahl, weil sie niemand als der Geist Gottes erforschen kann. Darum wird auch der Geist Gottes 7benfalt genennet«; aus sieben Zahlen (1 bis 6 und 8) bestehen die Proportionen aller Konsonanzen, wobei die Ruhezahl 7 als solche unbeteiligt bleibt ... Ist Werckmeister somit zwar einer der zahlreichen Zeugen dafür, daß das zahlensymbolische Denken dem deutschen Spätbarock nicht fremd war, so zeigt sich hier jedoch zugleich jene geheimniskrämerische Vieldeuterei der Zahlen, die es zur Folge hat, daß im konkreten Fall hiermit alles und daher wenig oder nichts anzufangen ist.

Gehen wir jedoch von der Gestalt des ersten Themas der Quadrupelfuge aus, ihrer symmetrischen, den Dreiklang hervorkehrenden halbtonlosen Diatonik, und von unserer Interpretation dieser Themengestalt als in sich ruhend, Repräsentation des reinen ›Seins‹, so könnte die Tonzahl 7 hier sehr wohl symbolisch als »heilige« Zahl gemeint sein. Und wie jenes Thema sich in vier und drei Töne gliedern läßt (d-a-g-f | g-a-d), so könnte dies der geläufigen Auffassung der Zahl 7 als Zusammensetzung aus der Zahl 4 in der verbreiteten Bedeutung von Erde, Mensch (›Dasein‹) und der Zahl 3 in der Grundbedeutung von Trinität, Gottheit (›Sein‹) entsprechen.

Damit wäre schon in diesem Thema der Skopus, das Redeziel der Schlußfuge vorweggenommen: die Verbindung und Verbundenheit der Töne B-A-C-H mit dem ›Grundton‹, des ›Daseins‹ mit dem ›Sein‹. Und sowohl bei dem siebentönigen Grundthema als auch bei dem zu ihm als Kontrasubjekt erfundenen und fungierenden B-A-C-H-Thema wäre die Bedingung erfüllt, daß das symbolische Meinen dem ästhetischen Bedeuten der Themengestalt entspricht.

So weit gehend erscheint mir ein zahlensymbolisches Verständnis des Eröffnungsthemas der Schlußfuge möglich oder, besser gesagt: nicht unmöglich zu sein – so weit gehend, weiter aber nicht. Man kann nämlich (zum Beispiel) auch noch auf den Gedanken kommen, die in dem Thema gelegene Symmetrie und Krebsgängigkeit (d a g | f | g a d) in die symbolische Interpretation einzubeziehen oder die innere Gliederung des Themas als 2 + 3 + 2 (d a | g f g | a d) aufzufassen und dabei auf Augustinus zu verweisen der die Vollkommenheit der Zahl 7 damit begründete, daß sie die Summe der ersten geraden und zugleich teilbaren Zahl (4) und der ersten ungeraden und zugleich unteilbaren Zahl (3) bildet ... Damit aber würde die zahlensymbolische Interpretation teilhaben an dem Lusus ingenii, jener Spielerei, die zwar geistreich sein kann, aber nichts einbringt; sie würde den Berg der Spekulationsliteratur vergrößern, statt ihm versuchsweise eine diskutable Position entgegenzusetzen.

*

Ein Hilfsmittel bei der Interpretation eines Bachschen Fugenthemas kann auch dessen kontrapunktische Gegenstimme sein, und dies insbesondere dort, wo die Gegenstimme bei den Themendurchführungen wiederkehrt oder sogar beibehalten wird – auch in diesem Fall spricht man in der Fugenterminologie von einem Kontrasubjekt.

Eine mehrfach wiederkehrende Tonfolge in der Gegenstimme zum ersten Thema der Schlußfuge weist dessen Gegenteil auf: Chromatik. So zum Beispiel erscheint als Kontrapunkt zur letzten, im Sopran gelegenen Themendarstellung der Exposition der chromatische Quartgang:

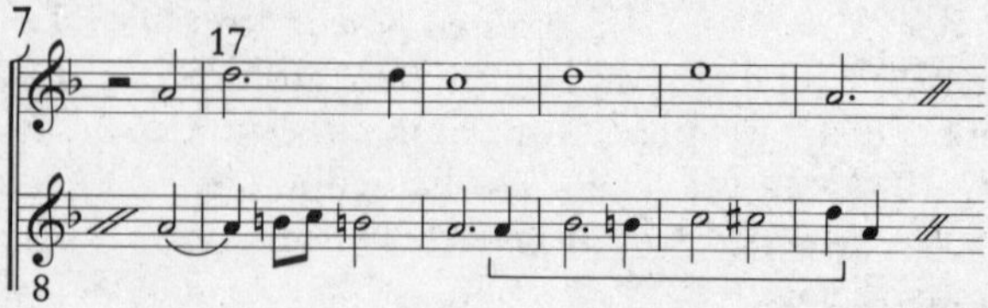

In ihm sind alle Töne des B-A-C-H-CIS-D-Themas anwesend: Er ist gewissermaßen die chromatische Gestalt dieses Themas.

Zu den kompositorischen Grundsätzen der Kunst der Fuge gehört es, daß spätere Themenmerkmale oder auch charakteristische kontrapunktische Wendungen je schon im vorhergehenden Verlauf des Werkes vorweggenommen, angekündigt, vorbereitet werden – gemäß der kontrapunktischen Maxime, daß nichts plötzlich, unvorbereitet eintreten, sondern daß, so wie alles aus dem Grundthema, so auch alles aus einander hervorgehen soll.

Diese als rein musikalisch anzusehende, aus dem Wesen des Kontrapunkts sinnvolle Erscheinung kann – zunächst im Blick auf den vorliegenden Fall – durchaus auch als Aussage verstanden werden: Die das B-A-C-H-Thema konstituierenden Töne melden sich hier in Form einer extremen Entfernung von der reinen Diatonik, nämlich in durch und durch chromatischer Gestalt; darin bekundet der Tonvorrat jenes Themas, daß er sich auch in seiner späteren, nicht chromatischen Erscheinung im Gegenteil weiß zu dem, was das andere, das rein diatonische Thema ist und besagt, zu dem jener Tonvorrat schon hier in Beziehung tritt und mit dessen Sein und Besagen er verbunden sein will und wird.

Hierher gehört auch die in diesem ersten Teil der Schlußfuge sehr häufig und auffallend hervortretende Tonfolge cis-d. Sie ist besonders ausgeprägt in der ersten Durchführung dieses Form-

8

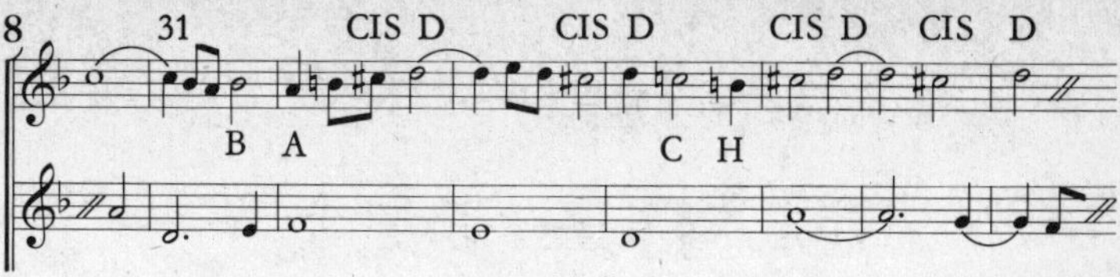

teils, wo im Sopran – als Gegenstimme zur Themenumkehrung im Alt – aus der diatonisch erklingenden B-A-C-H-Sphäre (Takt 30–32) die Figur der Diskantklausel mehrfach hervortritt (wobei die Tonfolgen b′-a′ und c″-h′ eigens hervorgehoben zu sein scheinen).

*

Das zweite Thema der Schlußfuge gehört wie das erste ebenfalls der diatonischen Sphäre zu und steht gleichwohl zu ihm in starkem Gegensatz. Statt halben und ganzen Noten herrscht hier die

9

Achtelbewegung vor; es ist kein Ruhe-, sondern ein ausgesprochenes »Laufthema«. Dementsprechend zeigt es keine Symmetrie, sondern eine zielstrebig vorwärtsgerichtete Anlage, die auf ihrem Höhepunkt den pathopoietischen Halbtonschritt a′-b′(-a′) hervortreten läßt und erst im letzten Takt abgefangen wird.

Der Anfang des Themas, sein Bewegungsimpuls, dessen höchst kunstvolle Fortspinnung das Thema charakterisiert, kann als Ableitung vom Schluß des Grundthemas verstanden werden, der in der Kunst der Fuge durchweg als Bewegungsimpuls fungiert und diese seine Eigenschaft und Aufgabe hier noch einmal voll zur Erscheinung bringt.

10

Schluß des Grundthemas

Beginn des zweiten Themas der Quadrupelfuge

Alles bei Bach ist stets musikalisch motiviert: Jedes Detail des Tonsatzes erfüllt die Bedingung, kompositorisch sinnvoll, folgerichtig, notwendig zu sein. Und dies gilt auch für die Themen der Quadrupelfuge, ihre Unterschiedlichkeit. Denn nicht nur müssen sie alle miteinander – und in diesem Fall auch in ihren Umkehrungsformen – kontrapunktisch kombinierbar sein, sondern gefordert ist auch, daß sie je individuell, ja möglichst gegensätzlich gebildet sind. Nur so nämlich können sie den Verlauf einer derart ausgedehnten Komposition tragen und bei ihrem gleichzeitigen Erklingen deutlich voneinander unterschieden werden. Diese Bedingung erfüllt das zweite Thema, indem es die Achtelnote als durchlaufenden Wert einführt. Damit löst der Achtelwert die bei den Durchführungen des ersten Themas vorherrschende Bewegung in Viertelnoten ab und garantiert dann später bei der Kombination aller vier Themen den Achtelfluß.

Zugleich aber kann das zweite Thema gehaltlich verstanden werden: Es »läuft«, ist in Bewegung, zielstrebig, rastlos, geschäftig – es »lebt«. Und dabei enthält es die Leitton-Grundton-Formel cis-d (übrigens auch die Sechzehntelbewegung der zweiten Diskantklausel) und die pathopoietische Halbtonfolge a-b(-a) des B-A-C-H-Themas schon in sich. Als »Laufthema« steht es auch seinem Besagen nach in der Mitte zwischen dem In-sich-Ruhenden des ersten Themas (das es nicht ist – obzwar es als dessen Kontrasubjekt entstanden ist und fungiert) und der Verbindung des ›Daseins‹ mit dem ›Sein‹ im dritten Thema (das es sein möchte und in der Weise der Kombination mit ihm auch sein wird).

*

Das zweite Thema weist 41 Töne auf. Auch dies kann zahlensymbolisch verstanden werden, und zwar nach dem Verfahren des Zahlenalphabets. Hierbei wird jeder Buchstabe des Alphabets durch eine Zahl vertreten: A = 1, B = 2, C = 3 usw., wobei I/J (= 9) und U/V (= 20) als je ein Buchstabe gelten. Die Zahl 14 bezeichnet demnach den Namen BACH (2 + 1 + 3 + 8 = 14), die Zahl 41 bedeutet J. S. BACH (9 + 18 + 14 = 41), und dem ausgeschriebenen Namen JOHANN SEBASTIAN BACH entspricht die Zahl 158.

Beim Hören von Musik denkt das musikalische Ohr nicht daran, solche hohen Zahlen mitzuzählen. Insbesondere die Zahlenalphabet-Symbolik wäre, wo sie vom Komponisten angewandt ist und obwohl sie an dem musikalischen Gebilde als sein Zählbares haftet, von vornherein nicht für die sinnliche Wahrnehmung bestimmt, sondern ästhetisch okkult. Im Gegensatz aber zur reinen Zahlensymbolik, bei der die Zahl nicht auf Buchstaben, sondern auf Gegenstände und Begriffe weist, die sie vertritt, ist die Symbolik des Zahlenalphabets, bei der die Zahl gleichsam Wörter buchstabiert, in ihrem Meinen relativ eindeutig. Diese Eindeutigkeit verbindet sie mit der Tonbuchstaben-Symbolik, von der sie aber wiederum dadurch unterschieden ist, daß sie – so wie die reine Zahlensymbolik – in der Anwendung bei Bach in keinem Fall voll bewiesen werden kann.

Auch hinsichtlich der Zahlenalphabet-Symbolik gibt es in der jüngeren Bach-Literatur groteske Spekulationen, von denen es sich zu distanzieren gilt. Gleichwohl ist es nicht auszuschließen, sondern sogar nicht unwahrscheinlich, daß Bach das alphabetsymbolische Verfahren, das ihm – ebenso wie die reine Zahlensymbolik – mit Sicherheit bekannt war, zumindest als Eingravierung seines Namens musikalisch verwandt hat. Frappierend jedenfalls ist die Häufigkeit, mit der die Zahlen 14 und 41 (seltener 158) an exponierten Stellen einiger seiner Kompositionen erscheinen, und zwar stets so, daß sich die namentliche Eingravierung des Ichs – die ja zunächst nur für Bach selbst Gültigkeit zu haben braucht, nicht für den Hörer – mit der ästhetisch vermittelten Botschaft aufs glaubhafteste verbindet.

Warum sollte es nicht möglich sein, daß Bach, bevor er im dritten Thema der Schlußfuge seinen Namen in aller Offenheit nennt, ihn nicht schon in dem vorhergehenden Fugenthema versteckt anbringt? Das hieße auch hier nicht: Ich, BACH, habe das komponiert, sondern: Ich bin es, der hier läuft und lebt, das menschliche Dasein, gesehen im Bild der Bewegung und Rastlosigkeit. Verbunden aber ist diese Aussage mit dem In-sich-Ruhenden des ersten Themas nicht nur dadurch, daß auch das Laufthema als dessen Kontrasubjekt komponiert ist und schon in diesem Fugenteil mit dem Hauptthema verbunden wird, sondern möglicherweise auch auf geheimere Art durch die Symbolzahl sieben, die in dem Ruhethema als Zahl der Töne und in dem Laufthema als Zahl der hier beanspruchten Takte präsent ist. Und doch ist das zweite Thema in seinem sinnlichen Erscheinen, seiner rastlosen Bewegung, eine Motivation für die Gestik des B-A-C-H-CIS-D-Themas, mit dem der folgende Fugenteil beginnt.

Dem fügt sich ein, daß Bach auch in der kontrapunktischen Gegenstimme zum »Laufthema« chromatische Schritte setzt und bei den Kombinationen des ersten und zweiten Themas beibehält, zum Beispiel:

11

Hingegen ist es in den ersten Durchführungen des B-A-C-H-Themas eine den Klauselschritt cis-d aufgreifende freudig erregte Tonfolge, die hier den Rang einer beibehaltenen Gegenstimme erhält:

12

Die letzten sieben Takte des Fragments

Zusammenfassend, ergänzend und ausblickend kehren wir noch einmal zu dem Beispiel zurück, von dem wir ausgegangen waren, zu den letzten sieben Takten des Fragments der Quadrupelfuge (siehe Beispiel 1, S. 12). Sie sind, wenn wir statt der hier noch freien kontrapunktischen Stimme das Grundthema des Zyklus einsetzen, die zentrale Stelle dieser mächtigen Schlußfuge, ihr kompositorischer Ausgangspunkt, das Grundmodell.

Das zweite Thema (im Alt) und das dritte Thema (im Tenor) sind Kontrasubjekte des ersten Themas (im Baß), das seinerseits eine Reduktionsform des Grundthemas der Kunst der Fuge darstellt und im engeren Sinne dessen Anfang, die elementaren Dreiklangstöne, zum Thema erhebt. Aber auch die anderen beiden »neuen« Themen sind aus dem Grundthema ableitbar, das zweite Thema aus dem Bewegungsimpuls des Schlusses und das dritte aus der Themenmitte des Grundthemas und deren Umkehrung.

In ihrer Unterschiedlichkeit, ihren charakteristischen Merkmalen, sind die drei »neuen« Themen Projektionen der drei Formteile des Grundthemas, seines Anfangs, seiner Mitte und seines Schlusses, und sie beleuchten ihrerseits die in den drei Teilen des Grundthemas latent vorhandenen Ausdrucksarten: die Diatonik, die Chromatik und die Bewegung. Insofern kann gesagt werden, daß das Grundthema die Quelle und die Synthese der anderen drei Themen ist.

Zufolge ihrer vom Grundthema abgeleiteten, aus ihm entsprungenen Gegensätzlichkeit ermöglichen es die vier Themen, die Großform einer aus vier Fugen bestehenden Komposition abwechslungsreich zu gestalten, und ist garantiert, daß sie bei den Themenkombinationen als Stimmcharaktere vernehmbar sind. Zugleich liegt in ihnen der ausdrucksvolle Gestus beschlossen, genauer das im barocken Sinne rhetorische Moment, das Redende, das Sprechende, das, wie den ganzen Fugenzyklus, so auch dessen Schlußstück kennzeichnet und in den hier betrachteten sieben Takten exemplarisch in Erscheinung tritt. Da ist das nur aus Quint- und Sekundschritten bestehende, den Dreiklang hervorkehrende, symmetrisch in sich ruhende Thema, Fundament und Cantus firmus zugleich; da ist das Laufthema in seiner Zielgerichtetheit; da ist das B-A-C-H-Thema in der Intensität seiner Halbtonschritte; und schließlich das Grundthema, das in seiner Bedeutung als Träger des ganzen Werkes nun wiedererscheint.

In der Deutung der Eingravierung des Namens BACH wird das Sprechende der Musik konkret in der Weise, die wir formelhaft als Verbindung und Verbundenheit des ›Daseins‹ mit dem ›Sein‹ zu kennzeichnen versuchten und die – im besagten Sinne – nicht nur das B-A-C-H-Thema, sondern auch das Ruhe- und das Laufthema betrifft sowie die gegenseitigen Beziehungen aller drei Themen zueinander, während das Grundthema diesen Sprachsinn von Anfang an in sich enthält, ihn aus sich entläßt und wieder in sich zurücknimmt.

Die Zahlenalphabet-Symbolik des zweiten Themas (41 Töne – hier wegen des Tons cis″ im Sopran und Einführung der Achtelbewegung mit einem zusätzlichen Ton am Anfang) sowie die reine Zahlensymbolik des ersten und zweiten Themas (7 Töne; 7 Takte) treten – vor dem Hintergrund der Tonbuchstaben-Symbolik des dritten Themas – als Möglichkeiten eines Meinens hinzu, das sich in seinem Besagen dem ästhetischen Bedeuten einfügt.

Daß die Schlußfuge des Werkes, jedenfalls ihre vorläufige autographe Reinschrift auf zwei Systemen (die der viersystemigen Stichvorlage vorausging), gerade an dieser Stelle, das heißt nach der erstmaligen Kombination der drei »neuen« Themen, also nach dem Erscheinen des annähernd vollständigen Grundmodells, abbricht, kann schaffenspsychologisch erklärt werden. Bach wollte noch diese Themenkombination erreichen, bevor er die Arbeit unterbrechen mußte. Dabei dachte er nicht daran, daß der Tod ihm schon so nahe sein könnte. Der Nekrolog spricht von seinem zum Zeitpunkt vor der Augenoperation »im übrigen überaus gesunden Cörper«. Bachs Kunst der Fuge, an der er möglicherweise schon seit Ende der dreißiger Jahre gearbeitet hatte, und auch die Schlußfuge sind nicht in Verbindung zu bringen mit Todesgedanken, die durch Krankheit akut wurden, sondern sie sind ihrer Art nach einzureihen in Bachs Spätwerk allgemein und in seine Kunst- und Lebensauffassung überhaupt.

Wie aber haben wir uns die Fortführung der Schlußfuge vorzustellen? Hierüber ist viel gerätselt worden. Ich glaube aber, daß die Angaben in dem von Bachs Sohn Carl Philipp Emanuel und von dem Bach-Schüler Johann Friedrich Agricola geschriebenen Nekrolog eine klare und glaubhafte Sprache sprechen. Es ist anzunehmen, daß man in Bachs Umgebung vom Gesamtplan der Fuge Kenntnis hatte; wahrscheinlich hat es sogar eine bis zu Ende durchgeführte Entwurfsfassung der Schlußfuge gegeben, die später verlorenging – einen »Entwurf«, der dann in der Weise »ausgearbeitet« werden sollte, wie es bis zum Abbruch der Schlußfuge geschehen war.

Im Nekrolog heißt es, Bachs letzte Krankheit habe ihn daran gehindert, »seinem Entwurf nach die vorletzte Fuge völlig zu Ende zu bringen, und die letzte, welche 4 Themata enthalten und nachgehens in allen 4 Stimmen Note für Note umgekehrt werden sollte, auszuarbeiten«. Hier werden die vier Teile der Quadrupelfuge – durchaus nicht unkorrekt – als vier Fugen bezeichnet; entsprechend dieser Ausdrucksweise ist die »vorletzte Fuge« in der Tat unvollendet; und für die »letzte« Fuge kann als gesichert gelten, daß hier das Grundthema als viertes Thema eingeführt werden sollte; diese Fuge war – analog den Kontrapunkten XII und XIII des Gesamtzyklus – als Spiegelfuge konzipiert.

Somit versammelt die Schlußfuge – wenn wir sie als in dieser Form vollendet uns vorstellen – noch einmal in sich alle in den vorhergehenden Fugen des Zyklus exemplifizierten Möglichkeiten der Fugenkomposition: Die erste Teilfuge des Schlußstücks ist eine Fuge über ein Thema, verbunden sogleich (ab der zweiten Durchführung) mit dessen Umkehrung und Engführung; die folgenden drei Teilfugen sind Fugen über mehrere, nämlich über zwei, drei und vier Themen; die vierte Teilfuge greift auch das die Fugenkunst krönende Moment der Spiegelung des gesamten musikalischen Satzes auf, das schon zuvor den Progressus kontrapunktischen Vermögens zu seinem Höhepunkt geführt hatte und nun hier als schlußbildend wiedererscheint.

Dabei kann auch die Spiegelung, das Phänomen der totalen Umkehrbarkeit eines kontrapunktischen Satzes, das heißt dessen in der Rectus- und der Inversus-Gestalt gedoppeltes Vorhandensein, als symbolisches Meinen verstanden werden. So wie hier musikalisch beide Fugen verschieden und für sich sind und doch die eine in der anderen vollständig enthalten ist und ohne Eingriff aus ihr hervorgeht, so ist im christlich-lutherischen Verständnis das Verhältnis zwischen Geschöpf und Schöpfer, Mensch und Gott, Sein und Dasein beschaffen, ohne alles Zutun – aus Gnade. Gegenüber den vorhergehenden Spiegelfugen, den Kontrapunkten XII und XIII, steigert sich hier zusammen mit der Spiegelkunst zugleich deren Aussage: Auch das B-A-C-H-Thema und das Laufthema, die Aktionen der Verbindung und die Zustände der Verbundenheit der Themen und ihres Bedeutens – alles dies, wie immer es sei und verstanden werden kann, hat in diesem vierzehnten Kontrapunkt teil an der Geborgenheit des anderen in dem einen, ohne jedes Zutun – sola gratia.

Der Choral

Die Veröffentlichung eines Werkfragments war zu jener Zeit nicht möglich. Höchstwahrscheinlich ist es Carl Philipp Emanuel Bach gewesen, der das Fragmentproblem der Kunst der Fuge in der Weise löste, daß er die letzten sieben Takte der unvollendeten Fuge wegließ und das Werk mit Bachs Orgelchoral »Wenn wir in höchsten Nöten sein« beschloß. Äußerlich und das heißt hier im Blick auf die Entstehung und Bestimmung, die Gattung und Kompositionsart hat dieser G-Dur-Orgelchoral mit Bachs Fugenzyklus nichts zu tun. Und das ist immer wieder kritisch vermerkt worden. Wie aber und warum geriet er hierher? Und daß er innerlich gleichwohl mit Bachs Kunst der Fuge verbunden ist, ihr ideell zutiefst zugehört, das ist hier die These und der Grund, weshalb wir ihm einen Abschnitt widmen. Dieser Orgelchoral wird zu einem Argument für unsere Interpretation der Kunst der Fuge, aber gerade deswegen ist er von ihr zu entfernen – er ist überflüssig.

Wie es in der vermutlich von Carl Philipp Emanuel Bach geschriebenen »Nachricht« auf der Titelrückseite der ersten Druckexemplare der Kunst der Fuge heißt und wie es dann Friedrich Wilhelm Marpurg in seinem »Vorbericht« wörtlich übernahm, der 1752 die »Nachricht« ersetzte, hat Bach jenen Orgelchoral »in seiner Blindheit einem seiner Freunde aus dem Stegereif in die Feder dictiret«. (Johann Nikolaus Forkel schreibt in seinem 1802 erschienenen Buch über Bach, daß dies »wenige Tage vor seinem Ende« geschehen sei.) Carl Philipp Emanuel war bei dem Tod des Vaters und in der Zeit unmittelbar davor nicht in Leipzig anwesend, und in der Tat verbirgt sich in jener »Nachricht«, wie man heute weiß, manches Fragliche.

Bei der als Stegreifdiktat bezeichneten Niederschrift kann ein Klavier zu Hilfe genommen worden sein, so daß der Vorgang weniger mysteriös erscheint. Im übrigen jedoch gab es von diesem Orgelchoral schon eine Fassung aus früherer Zeit, und zu fragen ist auch, ob es sich bei dem Diktat wirklich um jene Fassung handelt, die Carl Philipp Emanuel (und nehmen wir hinfort an, daß er es war) der Kunst der Fuge beifügte. Übersetzen wir den Stegreifbericht in das als wahrscheinlich Gesicherte, so kann zunächst gesagt werden, daß in der Zeit der völligen Blindheit und des körperlichen Verfalls jener Orgelchoral es war, auf den sich Bachs letzte musikalische Aktivität bezog.

Von diesem Orgelchoral sind drei Fassungen überliefert. Deren früheste findet sich mit dem Titel »Wenn wir in höchsten Nöten sein« im Orgelbüchlein und stammt aus Bachs Weimarer Zeit. Bei dieser Fassung, die den Typus des kolorierten Orgelchorals vertritt, wird die stark ausgezierte Choralmelodie in der Oberstimme ohne Zwischenspiele von einem dreistimmigen Satz begleitet, der seinerseits das Kopfmotiv des Chorals polyphon durchführt. Die zweite Fassung ist jene, die mit dem gleichen Titel am Schluß der Erstausgabe der Kunst der Fuge überliefert ist (die handschriftliche Aufzeichnung dieser Fassung ist verschollen). Hier übernimmt Bach ohne wesentliche Änderungen die Vertonung der vier Choralzeilen der Orgelbüchlein-Fassung; die Choralmelodie erscheint jetzt aber in reiner, entkolorierter Gestalt, und jede Choralzeile wird nun – dem Typus des Pachelbelschen Orgelchorals entsprechend – durch eine Fughetta über das folgende Zeilenmotiv eingeleitet. Die dritte Fassung findet sich am Schluß jener autographen Sammlung von Orgelkompositionen, mit deren Überarbeitung und Reinschrift Bach in seiner letzten Lebenszeit ebenfalls beschäftigt war. Diese Sammlung, die heute als »Leipziger Originalhandschrift« bezeichnet wird, enthält die sechs Triosonaten und in einem zweiten Teil siebzehn Choralbearbeitungen verschiedener Art, anschließend die kanonischen Veränderungen über das Weihnachtslied »Vom Himmel hoch, da komm ich her« und danach als Reinschrifteintragung von fremder Hand jene dritte Fassung, deren Schluß zusammen mit dem letzten Blatt der Handschrift verlorengegangen ist. Diese Eintragung zeigt gegenüber der Kunst-der-Fuge-Fassung einige Verbesserungen und wurde mit der Überschrift »Vor deinen Thron tret ich« versehen.

Wahrscheinlich nun ist die Kunst-der-Fuge-Fassung nicht die Diktatversion, sondern älteren Datums, von Bach vielleicht im Rahmen seiner Leipziger Überarbeitung von Orgelchorälen auf ein Blatt geschrieben, das Carl Philipp Emanuel zu Händen geriet, während jene Sammelhandschrift bestimmt nicht in seine, sondern zunächst wahrscheinlich in Wilhelm Friedemann Bachs Besitz gelangte. Das heißt: mit dem Diktat könnte jene Reinschrift-Eintragung am Schluß der Sammelhandschrift gemeint sein. Carl Philipp Emanuel Bach war berichtet worden, daß sein Vater sich auf seinem Krankenbett mit diesem Choral diktierend beschäftigt hatte, und da er die Diktatversion nicht kannte, bezog er den Diktiervorgang auf die in seinem Besitz befindliche Fassung und löste mit ihr das Fragmentproblem. Hätte er die letzte, verbesserte Fassung gekannt, so hätte er zweifellos sie gewählt, und dies bedeutet, daß – wenn schon überhaupt – dann der Orgelchoral mit der Überschrift »Vor deinen Thron tret ich hiermit« als Schlußstück der Kunst der Fuge zu fungieren hätte.

Zu fragen ist schließlich noch, warum Bach jenen Orgelchoral in die Leipziger Originalhandschrift eintragen ließ. In Abwehr des »Mythos von Bachs ›Sterbechoral‹« ist diese Eintragung in jüngster Zeit so verstanden worden, als habe Bach hiermit seine Choralsammlung fortführen und bereichern wollen. Abgesehen davon, daß man sich fragen muß, ob Bach während seiner völligen Blindheit und seiner Krankheit wirklich noch werkbezogen hat weiterarbeiten wollen, sprechen gegen jene Auffassung folgende Fakten:

1. Die Plazierung am Ende der Sammlung – also nach dem Kanonwerk »Vom Himmel hoch« – gibt keinen fortführenden, keinen durch die Sammlung selbst motivierten Sinn, zumal der Pachelbelsche Choraltypus in der Sammlung bereits vertreten war (»Nun danket alle Gott«).

2. Der nachgetragene Orgelchoral leidet unter dem Widerspruch zwischen den wechselnden Soggetti bei den Zeilenvorspielen und dem beibehaltenen Soggetto in den Begleitsätzen der

Choralzeilen; auch dies spricht gegen eine werkbezogene Eintragung.

3. Die Titeländerung in »Vor deinen Thron tret ich hiermit« kann nur situationsbezogen begründet werden. Die Wahl dieses Orgelchorals hatte ihren Grund darin, daß sie die Situationsbezogenheit ermöglichte.

4. Obwohl der Choral »Vor deinen Thron tret ich hiermit« nicht als Sterbe-, sondern hauptsächlich als Abendlied fungierte (»Drum dank ich dir mit Herz und Mund / O Gott! in dieser Abendstund ...«), kann er von Bach als Sterbelied verstanden worden sein, und dies vor allem auf Grund seiner ersten und letzten Strophe:

»Vor deinen Thron tret ich hiermit,
O Gott und dich demütig bitt:
Wend dein genädig Angesicht
Von mir betrübtem Sünder nicht.

Ein selig Ende mir bescher,
Am jüngsten Tag erwecke mich,
Herr, daß ich dich schau ewiglich:
Amen, Amen, erhöre mich!«

Genauer jedoch in Bachs Sinne gesprochen, ist dieser Choral mit seinen fünfzehn Strophen ein Text, der – am Abend des Tages oder des Lebens und darüber hinaus zu jeder Tages- und Lebenszeit – die Quintessenz des Verhältnisses zwischen ›Sein‹ und ›Dasein‹ im christlichen Sinne zusammenfaßt.

Indem Bach diesen Orgelchoral ans Ende seiner Choralsammlung eintragen läßt (der er der Gattung nach zugehört), gibt er ihm selbst den Rang eines Epilogs dieser Sammlung. Gleichzeitig beschließt er mit ihm in voller Bewußtheit sein kompositorisches Werk, das somit auch als Ganzes unter die Glaubensaussage dieses Chorals gestellt ist. Denn wirklich ist jener Eintragungsvorgang schwerlich anders zu verstehen denn als ein persönlichstes Handeln: als ein – wenn ich es so nennen darf – kompositorisches Gebet, gesprochen in jenem Medium des Orgelchorals, bei dem die Orgelkunst, von der Bach einst beruflich und kompositorisch ausgegangen war, verbunden ist mit dem Choral, der gesungenen Sprache der christlichen Gemeinde. Somit hat dieses Choral-»Diktat«, jenseits aller Werk-, Wirkungs- und Öffentlichkeitsbestimmung stehend, seinen Sinn allein in der Zweierbeziehung Bach–Gott und bekundet dabei weit über den akuten Anlaß hinaus das Prinzip und die Identität der Lebens- und Schaffensbefindlichkeit Bachs, in diesem Augenblick deutlicher und gültiger als irgendsonst: Der Bezugspunkt meines Daseins ist Gott, mit dem ich elender Mensch durch Christus aus Gnade verbunden bin: »Gott Sohn! du hast mich durch dein Blut / Erlöset von der Höllenglut«.

Als Beschluß der Kunst der Fuge bringt der Choral »Vor deinen Thron tret ich hiermit« – wenn wir ihn, Carl Philipp Emanuel Bach gewissermaßen korrigierend, einen Augenblick lang als Lösung des Fragmentproblems gelten lassen – seine mehrfache Bedeutung mit sich und macht sie für dieses Werk aktuell: die Bedeutung als kompositorisches Gebet, das über Bachs Lebens- und Schaffensauffassung Aufschluß gibt wie kein anderes Dokument, ferner die Geltung als Epilog eines Werkes, der zufolge seiner Genesis zugleich das Gesamtwerk beschließt und es rückblickend unter seine Aussage stellt.

Und nun können wir den Choral – als äußerlich nicht dazugehörig – von der Kunst der Fuge wieder entfernen. Der innere Bezug bleibt: Es bleiben Bachs Aussage über seine Daseinsauffassung sowie die Dokumentierung der totalen Identität dieser Auffassung mit dem Sinn seines kompositorischen Handelns, gültig für das Gesamtwerk.

Unsere Interpretation geht jedoch wesentlich weiter. Ausgehend von der Deutung des B-A-C-H-Themas und ohne den Choral zu bemühen, besagt sie, daß es konkret jene Choralaussage ist, die Bach in der Kunst der Fuge, dieser Summa seines kompositorischen Vermögens, zum Thema eines rein instrumentalmusikalischen Werkes erhoben hat – wobei wir diese Aussage formelhaft durch die Begriffe ›Dasein‹ und ›Sein‹ zu umschreiben versuchten.

Der Choral ist hierfür kein Beweis, wohl aber ein Argument. Gleichwohl bleibt seine Plazierung ans Ende der Kunst der Fuge problematisch. Zu vermuten ist, daß der heutige Hörer jene mehrfache Bedeutung, die ihn zum Argument werden läßt, kaum noch verstehen kann, sondern sich nur mehr oder weniger vage durchschauern läßt (mit Worten Johann Nikolaus Forkels in seiner Bach-Monographie: sich vom Ausdruck »frommer Ergebung und Andacht … ergriffen« fühlt). Unabhängig davon aber wird der Choral für den Betrachter, der sich auf unsere Interpretation einläßt, zu einer bloßen Wiederholung, einem verkleinerten, kompositorisch hier fremdartigen Nochmalsagen dessen, was die Kunst der Fuge schon durch sich selbst hat zu verstehen geben wollen. Nicht braucht selbst dasjenige, was der als Spiegelfuge geplante (und im Gedanken an die Kunst der Fuge mitzudenkende) letzte Teil der Schlußfuge in seiner nicht zu überbietenden Kunst bedeutet hätte, durch den Choraltext eigens bestätigt zu werden, wenn es dort heißt: »Du hast mich, o Gott! Vater mild / Gemacht zu deinem Ebenbild«.

Die Kunst der Fuge selbst ist es, die den Choral, wiewohl er zu ihrem Verständnis beiträgt, überflüssig macht und abweist.

*

Abschließend – und nur nebenbei – sei hier noch auf die Zahlenalphabet-Symbolik der Fassungen dieses Chorals hingewiesen.

Wiederum braucht es nicht unbedingt ein Zufall zu sein, daß die kolorierte Oberstimme des im Orgelbüchlein überlieferten Orgelchorals »Wenn wir in höchsten Nöten sein« 158 notierte Töne aufweist. Somit könnte sich in ihr der ausgeschriebene Name JOHANN SEBASTIAN BACH verbergen. Und dies würde darauf schließen lassen, daß Bach gerade zu diesem Choral ein sehr persönliches Verhältnis hatte.

Bei der erweiternden Umarbeitung dieser Fassung zu der Choralbearbeitung, die als Vorlage für das Schlußstück der Kunst der Fuge diente und die Bach dann nach einigen Verbesserungen und mit verändertem Titel in die Leipziger Choralhandschrift eintragen ließ, gewinnt das zahlensymbolische Meinen einen hohen Grad an Wahrscheinlichkeit. Überall in den Gesangbuchvorlagen weist die erste Melodiezeile des Chorals »Wenn wir in höchsten Nöten sein« (bzw. »Vor deinen Thron tret ich hiermit«) elf Töne auf, während bei Bach die Tonzahl um drei Achtelnoten, die kaum anders denn als ornamentale Zusätze anzusehen sind, auf vierzehn Töne vermehrt ist, was zahlensymbolisch dem Namen BACH entspricht. Und die in den zeitgenössischen Gesangbüchern insgesamt aus sechsunddreißig Tönen bestehende Melodie dieses Chorals erscheint bei Bach durch weitere Einschübe von je einer ebenfalls ornamentalen Achtelnote in der dritten und vierten Choralzeile auf insgesamt einundvierzig Töne erweitert, worin sich zahlensymbolisch J. S. BACH verbirgt.

Sehr wichtig ist dabei der Hinweis darauf, daß, wenn man die kolorierte Oberstimme der Choralfassung des Orgelbüchleins, die Bach seiner Bearbeitung zugrunde legte, entkoloriert, ganz eindeutig jene fünf Töne fehlen, die Bach demnach bei der späteren Fassung bewußt eingefügt hat. Dies legt die Vermutung nahe, daß auch die Tonzahl 158 in der kolorierten Fassung kein Zufall ist: Bach hat bei der Bearbeitung dieses Orgelchorals auch das zahlensymbolische Meinen gleichsam umgearbeitet.

Somit würden – zufällig? – sowohl das letzte (»neue«) Thema der Kunst der Fuge als auch der Epilog der Leipziger Choralsammlung Bachs Namen enthalten, je in einer anderen Symbolart, jedoch in der gleichen Bedeutung, die bei dem Thema der Kunst der Fuge durch das Erreichen des Grundtons und bei dem Epilog durch den Choraltext zu verstehen gegeben ist.

Das Grundthema

13

Es sieht so aus, als könne es nicht bis drei zählen. Und doch kann man dieses Thema – indem man weiß und daran denkt, was Bach mit und aus ihm gemacht hat – stundenlang und immer wieder betrachten, um aus dem Staunen nicht herauszukommen. Denn erkennen und beschreiben läßt sich, daß in diesen so einfach und unscheinbar aussehenden zwölf Tönen schon alles als Möglichkeit angelegt ist, was später in diesem Werk kompositorisch in Erscheinung tritt. Und dies betrifft nicht nur die Verwendbarkeit als Fugenthema und die Variationsfähigkeit und nicht nur die umfassende Demonstration kontrapunktischen Komponierens in ihrer progressiven und zugleich zyklischen Folge der Fugen und Kanons, sondern auch konkret die Ausbildung der diatonischen und chromatischen Sphäre, die B-A-C-H-Konstellationen, die je besondere Formungsidee der einzelnen Stücke, die Verschiedenartigkeit ihrer Charaktere, das Redende dieser Musik, ihre im Sinne unserer Interpretation konkrete Aussage – wie sich dies alles bereits im Blick auf die Schlußfuge in ihrem Verhältnis zum Grundthema ansatzweise zu erkennen gab.

Erklären läßt sich das nur so, daß Bach schon bei der Findung und Festlegung dieses Themas das Ganze seinen Möglichkeiten und Erfordernissen nach planerisch voraus- und in das Thema gleichsam hineingedacht hat, so wie dann umgekehrt die konkrete kompositorische Arbeit durchgängig als Entfaltung und Verwirklichung der in diesem einen Thema gelegenen Möglichkeiten vorgestellt werden muß. Auch beim Anschauen, Spielen und Anhören dieses Werkes ereignet sich ja wesentlich ein beständiges gleichsam Hin- und Herdenken zwischen dem Grundthema in seiner durchgängigen substantiellen Präsenz und den kompositorischen Ereignissen in ihrem beständigen Fluß. Jenes Komponieren als Verwirklichung einer thematischen Vorausplanung bzw. dieses rezeptive Hin-und-Her-Vergleichen zwischen dem Thema und dem Ganzen werden wir im folgenden sprachlich nachvollziehen, um von daher die Aspekte zu gewinnen, die uns in das Innere des Werkes führen, ins Prinzipielle seiner konkreten Erscheinung und Bedeutung. Die Kunst der Fuge ist – nach Art und Umfang in unvergleichlicher Weise – ein Werk über ein einziges Thema. Das Thema ist hier so wichtig wie das Werk. Und die Interpretation des Werkes macht es sich nicht leichter, wenn sie den Begriff des Themas im kompositorischen und im rednerischen Sinne zu verstehen versucht.

Der Ton d

Das Thema der Kunst der Fuge steht in der Tonart d-Moll und so auch das ganze Werk. Der Ton d ist dessen Grundton, sein Maßgebendes, der ständig präsente Bezugspunkt seiner Ton- und Klangfolgen, Ausweichungen und Modulationen. In den zwölf Tönen des Grundthemas selbst kommt er nicht weniger als viermal vor: Mit ihm beginnt das Thema, mit ihm schließt es; und er umrahmt die Mitte des Themas, den Ton cis.

14

So weist das Thema – wobei auch der Ton f einzubeziehen ist – eine zyklische, eine kreisläufige Form auf, genauer: eine ideelle Symmetrie mit klingender Achse. Sie ist ideell zu nennen, weil der Ton a an ihr nicht teilhat und die symmetrischen Gegenpunkte sich in ihren Tondauern nicht gleichen, vor allem aber weil die Spiegelung real überlagert wird von einer progressiven Bedeutung der Töne: Das erste d ist der Ausgangston; das zweite die Rückkehr zu ihm nach der die Quinte und die Terz exponierenden Eröffnung; das dritte d ist die Folge des Leittons cis, der den Ton d nun erst eigentlich als Grundton definiert und zugleich die Viertelbewegung auslöst; und das letzte d ist der Zielton der durch die Überbindung eingeleiteten Achtelbewegung. Er beschließt das Thema und verknüpft es zugleich mit dem Fortgang der Komposition: Selbst von variabler Dauer, signalisiert er den Einsatz des Comes und ist zugleich der Beginn der ihn kontrapunktierenden Stimme.

Später wird zu zeigen sein, daß die in dem Grundthema erscheinende Überlagerung von ideeller Symmetrie und realer Progression eine der Grundideen des Gesamtwerks ist: Dessen Anlage ist in der Endfassung zyklisch in der Weise axialer Symmetrie (wobei die Achse gleichsam den Ton cis ins Große projiziert), und zugleich ist sie progressiv als Entfaltung und Steigerung des kompositorischen Vermögens. Dies kam schon im Blick auf die Schlußfuge zur Sprache, und ich erinnere daran: Sie ist als eine Fuge über vier Themen der symmetrische Gegenpart zu der den Zyklus eröffnenden Gruppe von vier Fugen über je ein Thema, und durch das Wiedererscheinen des Grundthemas in der Grundgestalt schlägt sie den Bogen zurück zu dem Anfang. Zugleich aber ist sie in jeder Beziehung eine Zusammenfassung des Werkes, und in dem (nicht überlieferten) vierthematischen Spiegelungsabschnitt ist sie dessen Schluß im Sinne eines nicht mehr zu steigernden Höhepunkts kontrapunktischer Kunst.

d-Moll

Man kann auf den Gedanken kommen zu fragen, warum Bach für die Kunst der Fuge die Tonart d-Moll gewählt hat.

Eine Erklärung hierfür bietet die zeitgenössische Tonartencharakteristik an, wie sie in Johann Matthesons Schrift *Das Neu-*

Eröffnete Orchestre (Hamburg 1713) im Abschnitt »Von der musicalischen Tohne Eigenschafft und Würckung in Ausdrükkung der Affecten« zu finden ist. Hier heißt es über die Tonart d-Moll in Anlehnung an kirchentonale Definitionstraditionen, daß sie »etwas devotes, ruhiges, dabey auch etwas grosses, angenehmes und zufriedenes enthalte; dannenhero derselbe [Tohn] in Kirchensachen die Andacht, in communi vita aber die Gemüths-Ruhe zu befördern capable sey; wiewohl solches alles nichts hindert, daß man nicht auch was ergetzliches, doch nicht sonderlich hüpfendes, sondern fliessendes, mit Succes aus diesem Tohne setzen könne«. Zweifellos hat diese Charakteristik eine gewisse Gültigkeit – auch für Bachs Kunst der Fuge. Aber sie hilft uns nicht weiter, ist zuwenig konkret; sie ist – was für Bach eben gerade nicht passend ist – einseitig affektbetont; und vor allem: sie beschreibt die Wirkungen der Tonart, aber sie erklärt sie nicht.

Im folgenden bedenken wir die Frage nach dem Grund für Bachs Wahl der Tonart d-Moll im Blick auf die musikalischen Eigenschaften, die Besonderheiten gerade dieser Tonart und zugleich im Gedanken an unsere Interpretation dieses Werkes.

Der Ton d zeichnet sich vor allen anderen Tönen dadurch aus, daß er seiner Qualität, und das heißt hier seiner Tonumgebung nach, den Mittelpunkt des diatonischen Tonsystems bildet, im Bilde ausgedrückt: den Mittelpunkt der weißen Tasten des Klaviers. Er allein hat nach oben und nach unten hin die gleiche Folge von Ganztönen ( ) und Halbtönen ( ):

15

Er ist das Zentrum des diatonischen Tonvorrats, die Achse einer spiegelbildlichen Symmetrie. Auch als Grundton der ohne Akzidenzien gebrauchten dorischen Tonart bewahrt er diese Auszeichnung.

Möglicherweise und vielleicht maßgebend für die Tonartwahl

seines zyklischen Hauptwerks hatte auch in Bachs Denken der Ton d die Bedeutung des Zentrums des diatonischen Tonsystems und galt er ihm von daher als Abbild des Mittelpunkts der Seinsordnung und in diesem Sinne als ›Grundton‹, von dem – wie es ja auch das Thema in seiner ideellen Symmetrie bestätigen würde – alles ausgeht und zu dem alles zurückführt – und mit dem die B-A-C-H-Tonfolge verbunden ist, verbunden sein will und wird.

Im Zusammenhang mit seiner Zentralstellung im Tonsystem hat der Ton d die Eigenschaft, daß der von ihm aus errichtete Dreiklang durch zwei nicht im diatonischen System gelegene, also nur durch Vorzeichen herbeizuführende Halbtöne eingegrenzt wird: durch den Leitton cis und den dem melodischen Moll zugehörigen Ton b:

16

Dieses d-Moll-Phänomen, bei dem Gegebenheiten des Tonsystems und der Tonart sich verbinden, ist – wohl in voller Bewußtheit – in das Grundthema der Kunst der Fuge eingegangen: Es exponiert den Quintschritt und den Dreiklang und bringt anschließend den Ton cis ins Spiel, der als Leitton das d zur Folge hat, während bei der Themenumkehrung an dieser Stelle die Töne b und a erscheinen:

17

Diese d-Moll-Idee der thematischen Erfindung: die Halbtoneingrenzung des Dreiklangs durch zwei nicht dem diatonischen System zugehörige Töne, hat mehrere gewichtige und für das Gesamtwerk gültige Folgen. Sie betreffen, wie nun zu zeigen sein wird, die Töne b, a, c, h, die thematischen Ausdrucksbereiche und die Harmonik.

b, a, c, h

Schon in dem Grundthema und seiner Umkehrung ist – wie bereits oben (S. 17f.) gezeigt wurde und wie es soeben abermals aufschien – das B-A-C-H-Thema angelegt: der Halbton abwärts (b-a) und die Diskantklausel (cis-d); und so konnte gesagt werden, daß das B-A-C-H-CIS-D-Thema als eine thematische Projektion der Mitte des Grundthemas aufgefaßt werden kann. Darüber hinaus ist festzustellen, daß durch den ganzen Contrapunctus-Zyklus hindurch die Tonfolge cis-d als Melodieschritt oder als Schlußbildung und die Töne b, a, c, h in verschiedenen Konstellationen (wir sprechen von der B-A-C-H-Sphäre) sehr häufig vorkommen. Ist man auf diese Erscheinung aufmerksam geworden, so entdeckt man sie überall und gewinnt den Eindruck, daß das B-A-C-H-Thema selbst dann schließlich wie ein von langer Hand vorbereitetes, lang erwartetes und fälliges hervortritt.

Die B-A-C-H-Sphäre und die Tonfolge cis-d sowie die Verbindung beider ergeben sich hier zumeist wie zufällig, nämlich bedingt durch die Tonart d-Moll und durch das gewissermaßen diese Tonart thematisierende Grundthema (speziell seine Umkehrungs-, aber auch seine Comesform). Aber gerade dies legt den Gedanken nahe, daß Bach das B-A-C-H-Thema – und was es in unserer Interpretation als ein Schlüssel für das Gesamtwerk bedeutet – von vornherein, eben schon bei der Tonartwahl und bei der Erfindung des Grundthemas, als Kompositionsidee mit eingeplant hat. Dies findet eine Bestätigung seitens jener Stellen, bei denen über die tonartlichen und thematischen Gegebenheiten hinaus die B-A-C-H(-CIS-D)-Konstellation offenkundig beabsichtigt und betont hervorgehoben erscheint.

Es mag hier genügen, nur einige wenige, in ihrem Zufälligkeitsgrad unterschiedliche Stellen anzuführen.

Möglicherweise ist zu Beginn des Contrapunctus VI die Fortführung der Themendarstellung im Sopran »nur« seitens der

Tonart und des Grundthemas nahegelegt (wobei die Töne b'-a' – eine Reminiszenz an die zuvor erklungene Themenumkehrung – die im Alt vorgetragene Themenmitte cis'-d' kontrapunktieren):

18

Schwerer vielleicht fällt die Entscheidung über Zufälligkeit oder Absicht bei den Takten vor dem letzten Themeneinsatz in Contrapunctus V, wo die B-A-C-H-CIS-D-Sphäre im Baß mit der betont wiederholten Tonfolge cis''-d'' im Sopran verbunden ist:

19

Auch schon gleich zu Beginn des dreistimmigen ersten Zwischenspiels in Contrapunctus I könnte es – zumal im Blick auf die sequenzartig alternierende Motivführung – zufällig sein, daß hier in Sopran und Tenor (versetzt) die Töne b'-a', c'-h hervortreten, während im Baß ein quasi chromatischer Gang in die B-A-C-H-CIS-D-Sphäre einmündet:

20

Indessen ist am Schluß von Contrapunctus IV die Zufälligkeit wohl auszuschließen. Die Töne b′-a′ der Umkehrungsform des Themas im Alt werden vom Tenor aufgegriffen und durch c′-h »vervollständigt«, während im Sopran die Tonfolge cis″-d″ durch mehrmalige Wiederholung – unterbrochen durch die Quinta deficiens es″-a′ – auffälligst hervorgekehrt ist:

(Im Vorausgriff auf spätere Ausführungen und vorerst nur in Klammern sei darauf aufmerksam gemacht, daß hier der Quinta deficiens, der gegenüber der reinen Quinte ein Halbton »mangelt«, ein ganzer Komplex ähnlicher Ausdruckswerte zugehört: im Sopran die folgende Quinta deficiens g″-cis″ und im Tenor die Quarta deficiens fis-b, die Synkopenbildungen und der chromatische Schritt h-b innerhalb des Halbtongangs c′-h-b-a – dies ist der Ausdrucksbereich musikalisch-rhetorischer Figuren, dem die B-A-C-H-Sphäre zugehört und der die CIS-D-Wendung begründet.)

Hier ist darauf hinzuweisen, daß in dem ersten Arbeitsstadium, welches das Autograph der Kunst der Fuge überliefert, dieser Contrapunctus IV noch nicht vorhanden war. Bach hat ihn erst in dem zweiten Arbeitsgang, dessen Ergebnis im Erstdruck des Werkes vorliegt, als Abschluß der nunmehr aus vier einfachen Fugen bestehenden ersten Gruppe hinzukomponiert, die somit (oder vielleicht kann man sagen: damit sie) der aus vier Teilfugen bestehenden Schlußgruppe korrespondiert. Durch jenen B-A-C-H-CIS-D-Schluß der letzten Fuge der ersten Gruppe entsteht eine Analogie nun auch zu dem B-A-C-H-

CIS-D-Thema, das in der abschließenden Quadrupelfuge als letztes der »neuen« Themen erscheint.

Diese Analogie könnte – auf der Ebene der Zahlenalphabet-Symbolik – eine weitere Entsprechung haben in der Coda des Contrapunctus I, die ebenfalls erst im zweiten Arbeitsgang diesem Eröffnungsstück des Werkes angefügt wurde. Als primärer Grund hierfür hat gewiß das »Auffangen« des dramatischen Schlusses der Erstfassung dieser Fuge zu gelten, der nun in eine über einem Orgelpunkt erklingende Themendarstellung im Tenor einmündet. Dabei erscheint im Sopran eine ausdrucksvoll emporsteigende und vom Abwärtssprung der verminderten Septime b″-cis″ beschlossene melodische Linie – die womöglich nicht zufällig vierzehn Töne aufweist.

22

Nicht auszuschließen ist demnach, daß Bach bei den Nachträgen des zweiten Arbeitsgangs auch daran dachte, die B-A-C-H-CIS-D-Idee seines Werkes noch deutlicher hervortreten zu lassen.

Thematische Ausdrucksbereiche

Schon oben (S. 18) wurde erwähnt, daß die Mitte des Grundthemas (d-cis-d) und deren Umkehrung (a-b-a) zwei verschiedene, ja gegensätzliche Ausdrucksbereiche initiieren (die als solche auch in dem B-A[-C-H]-CIS-D-Thema sinnstiftend sind): Die Leitton-Grundton-Figur ist in der als Diskantklausel bezeichneten Schlußformel ein Inbegriff der Beruhigung, der die Halbton-Exponierung mit ihrem pathopoietischen, klagenden Charakter gegenübersteht. Und so kann gesagt werden, daß die Aussage der Kunst der Fuge, die wir mit der Interpretationsformel ›Sein‹ und ›Dasein‹ umschreiben, schon in der Wendung d-cis-d des Grundthemas im Keim enthalten ist.

Doch nun schauen wir uns die seitens der Fugenform gestifteten und in diesem Sinne formbedingten Varianten des Grundthemas – die Comes-, die Umkehrungs- und deren Comesgestalt – im Blick auf ihre Ausdruckswerte näher an. Diese Varianten gehen ja ohne jedes kompositorische Zutun aus dem Grundthema hervor, sie sind mit dessen Erfindung zugleich erfunden. Und sie erklingen im Verlauf des Werkes jede für sich fast ebensooft wie die Urgestalt des Grundthemas selbst.

Die Comesgestalt (Beispiel 23) ist nicht auf den Grundton, sondern auf dessen Quinte gestellt. In der Form der tonalen (das heißt nicht modulierenden) Beantwortung des Grundthemas mangelt ihr die Exponierung des Dreiklangs. Und ab der Themenmitte erscheint schon hier die B-A-C-H-Sphäre.

23

Die Umkehrungsform des Grundthemas (Beispiel 24) erreicht den Grundton durch einen Quintsprung abwärts und ist dann gleichsam zu der »Anstrengung« gezwungen, den Dreiklang aufwärts zu bilden, der in die pathopoietisch betonte Halbtonfigur a′-b′-a′ einmündet und damit das Ausgangsintervall des B-A-C-H-Themas exponiert.

24

Gelegentlich hat man geglaubt, Bach habe das Thema der Kunst der Fuge im Gedanken an Martin Luthers Kirchenlied »Aus tiefer Not schrei ich zu dir« erfunden, dessen erste Melodiezeile mit der Umkehrung des Grundthemas große Ähnlichkeit hat. (Das Lied ist allerdings überall in der e-phrygischen Tonart überliefert und von Bach als Einleitungs- und Schlußchor der Kantate 38 und in der Choralbearbeitung BWV 686 dementsprechend vertont; bei ihm übrigens stets mit dem zweitönigen Melisma bei dem Wort »schrei«, das der primären Überlieferung nicht zugehört.)

25

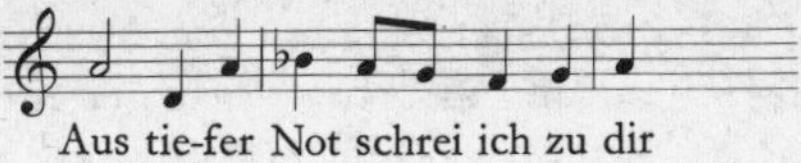

Anzunehmen ist, daß Bach die Ähnlichkeit zwischen dem Anfang des ihm bestens bekannten Luther-Liedes und der Umkehrung seines Themas bewußt war. Indessen macht die Vielzahl der Kompositionsideen, die in dem Grundthema angelegt ist, dessen Ableitung aus dem Choral ganz unwahrscheinlich – abgesehen davon, daß dabei die Umkehrungsform des Themas als primär gesetzt werden müßte. Und doch ist der Melodievergleich aufschlußreich: Er bestätigt den in der Choralmelodie zweifellos durch den Text veranlaßten Ausdruck der Tonfolge a-b-a, und man kann das ›Dasein‹, das – nach unserer Interpretation – diese Tonfolge in Bachs Kunst der Fuge umschreibt, durchaus in dem Sinn verstehen, den Luthers Choralvers anspricht.

Unter den drei formbedingten Varianten des Grundthemas ist die Comesform der Umkehrung – obwohl sie vom Ton d ausgeht

26

und zu ihm zurückkehrt – am weitesten von dem Grundthema entfernt. Die eine ihrer beiden Besonderheiten besteht darin, daß der aufsteigende Dreiklang hier den Rahmen des eröffnenden Quartfalls um einen Ton überschreitet und von dieser Höhenlage her die Pathopoiia gebildet wird, die dadurch besonders hervortritt. Die andere Besonderheit ist, daß hier der dritte Ton des Themas (c) bei seinem ideell symmetrischen Gegenpunkt verändert ist (in cis). Diese Veränderung der Terz des a-Moll-Dreiklangs in den Leitton von d-Moll ist aus tonalen Gründen notwendig, doch ist dieses auffällige Nebeneinander von zwei verschiedenen Ausprägungen derselben Tonstufe in einem nicht modulierenden Thema bei Bach ganz ungewöhnlich.

Später wird zu zeigen sein, daß Bach von dieser Themenvariante her die chromatische Sphäre in die Kunst der Fuge einführt, indem er den Contrapunctus III, die erste Fuge über die Umkehrung des Grundthemas, entgegen aller Regel mit der Comesform beginnen läßt und die verschiedene Ausprägung derselben Tonstufe in dem anschließenden Kontrasubjekt chromatisch zusammenrückt. In dem Grundthema ist also kraft einer seiner Varianten auch dieser Ausdrucksbereich, die melodische Chromatik, schon angelegt und in jener Variante mit der besonders hervortretenden pathopoietischen Halbtonfigur verknüpft.

Der harmonische Impuls

Noch einmal kehren wir zurück zur Mitte des Grundthemas, zu dem Ton cis. Er ist nicht nur ein Ausgangspunkt unterschiedlicher melodischer Ausdrucksbereiche, sondern auch ein Initiator der harmonischen Bewegung.

Die beigefügte Aufzeichnung zeigt, daß in der d-Moll-Explikation des Themas auch eine harmonische Grundidee des Werkes angelegt ist. Die beiden Töne cis und b, die sich bei der Nor-

27

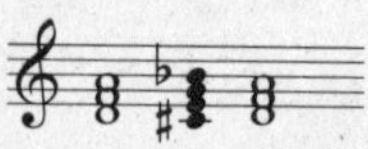

mal- und Umkehrungsform des Grundthemas gegenüberstehen und die Quinte d-a bzw. den Dreiklang d-f-a halbtönig eingrenzen, bilden die verminderte Septime, und deren Ausfüllung in Terzenschichtung ergibt den verminderten Septakkord, der sich durch Fundamentlosigkeit, größte Instabilität und Auflösungsbedürftigkeit auszeichnet. So sind auch in dieser harmonischen Idee des Werkes, die ebenfalls bereits in dessen Grundthema angelegt ist, die beiden Bereiche deutlich ausgeprägt: die Sphäre der Konsonanz in der Form des Dreiklangs, des Inbegriffs der Vollkommenheit, Bild des ›Seins‹, und die Sphäre der Dissonanz in der Form des verminderten Septakkords, des Inbegriffs der Unvollkommenheit, Bild des ›Daseins‹, wobei letzteres aus dem ersten hervorgeht und zu ihm zurückführt.

Schon gleich die Fugenexposition des Contrapunctus I expliziert diese harmonische Idee, indem hier bei jeder Themendarstellung der Ton cis bzw. (bei der Comesform) der Ton gis zum Bestandteil eines verminderten Septakkords wird, so zum Beispiel bei der dritten Darstellung des Themas:

Zu dem im Baß gelegenen thematischen Ton cis erklingen hier im Sopran zunächst die Töne b′ und e′, und dabei zeigt sich, was der verminderte Septakkord im kontrapunktischen Denken eigentlich ist: ein Komplex aus zwei verminderten Quinten, von denen hier die eine aus den Tönen b′-e′ im Sopran, die andere aus den Tönen cis und g′ im Baß und Alt besteht. Die verminderte Quinte gilt im Barock als Quinta deficiens oder Quinta falsa: Da ihr gegenüber der vollkommenen Quinte ein Halbton »mangelt«, ist sie eine unreine, »falsche« Quinte. Damit ist abermals das ›Dasein‹ umschrieben im Bachschen Sinne. Und vielleicht nur zufällig (vielleicht aber auch nicht) erscheinen hier im Sopran nach der durch die Quinta falsa unterbrochenen Tonfolge b′-a′ gleich anschließend die Töne c″-h′.

Der Bewegungsimpuls

Im Grundthema der Kunst der Fuge ist der Ton cis nicht nur – wie gezeigt wurde – ein Kreationspunkt verschiedener Ausdrucksbereiche und ein Initiator der harmonischen Bewegung, sondern auch der Impuls für die melodische Bewegtheit, die das Thema von da an kennzeichnet.

29

Der Ton cis′ selbst ist als Leitton auf Fortbewegung angewiesen; auf betonter Taktzeit stehend, veranlaßt er eine Bewegung in Vierteln über den Grundton hinaus. Der nun als halbe Note mit Achtelanbindung erscheinende Ton f′ hat eine gänzlich andere Bedeutung als der Ton f′ im Themenanhub: Er ist der Zielton jener Viertelbewegung, wird durch einen Halbtonschritt erreicht und steht zum ebenfalls betonten cis′ im Verhältnis einer Quarta falsa. Selbst unstet (trotz oder gerade wegen seiner Länge), wird er zu einem zweiten Bewegungsimpuls kraft der Achtelanbindung, die den Achtelwert kreiert und den Achtellauf aus sich entläßt.

Die fünf Schlußtöne des Themas fungieren nun ihrerseits als der wichtigste Bewegungsimpuls innerhalb des ganzen Fugenzyklus. Und dies in zweierlei Weise.

Erstens: Die viertönige, auftaktige Achtelfigur im Quartrahmen – wir nennen sie kurz: die thematische Achtelfigur – ist in der Rectus- und Inversusform und auch bei den Veränderungen des Grundthemas immer wieder erneut ein motivischer Initiator der Gegenstimmen, Kontrasubjekte und Zwischenspiele. Die thematische Achtelfigur entläßt aus sich beständig ihresgleichen, das dann als Bewegungsmotiv – auch in Varianten und Kettungen und entweder allein oder zusammen mit anderen Motiven – über die ganze Fuge hin sich ausbreitet. Auch hierin, in seiner Schlußfigur, ist das Thema der Kunst der Fuge beständig präsent.

Am besten ist, man schlägt beliebige Stellen des Werkes auf und sieht sich das an. Im Zuge unserer Darstellung mögen wenige Beispiele genügen, wobei wir jeweils den Schluß des Themas (——┐) und dann dessen Fortführung als Bewegungsmotiv abbilden und hier auf weitere Kommentare verzichten.

30

Zweitens: Die letzten fünf Töne des Grundthemas sind als Überbindungsfigur der ins Melodische projizierte Inbegriff eines kontrapunktischen Verfahrens der Stimmbewegung, wie es exemplarisch sogleich bei der ersten Comesdarstellung in Contrapunctus I in Erscheinung tritt:

31

Zu dem überbundenen Achtel (c′′) wird als Gegenpunkt eine Dissonanz gesetzt (hier die Quarte), die das überbundene Achtel zur Fortschreitung zwingt, es durch einen Stoß veranlaßt, sich in seinem Achtelwert fortzubewegen. Wir nennen dies die (kontrapunktische) »Anstoßfigur« (wobei der Anstoß durchaus nicht immer durch eine Dissonanz zu geschehen braucht). Auch in dieser Hinsicht empfiehlt sich das einfache Durchblättern des Werkes, um zu sehen, wie häufig auch diese schon im Grundthema angelegte kontrapunktische Figur hier vorkommt.

*

Vollständig wäre die Betrachtung des Grundthemas in bezug auf das Werk, dessen Thema es ist, erst dann durchgeführt, wenn auch die Variationsfähigkeit dieses Themas – und was Bach aus dieser Fähigkeit gemacht hat – und die progressive Symmetrie seiner Form – und wie Bach sie in die Großform des Gesamtwerks projiziert – in ihrer Erscheinung beschrieben, in ihrer Bedeutung interpretiert sind. Dies soll aber erst später in den Abschnitten über Variation und über den zyklischen Aufbau des Werkes erfolgen.

Contrapunctus

In Bachs Kunst der Fuge konkurrieren drei Titelbegriffe miteinander: Fuge, Kanon und Kontrapunkt. »Fuge« steht im Titel des Gesamtwerks, das aber auch vier »Canons« enthält, die Bach als solche benennt, während er die einzelnen Fugen je als »Contrapunctus« bezeichnet. Wie ist das zu verstehen, und welche Aussage verbirgt sich hierin?

Zunächst ist klarzustellen, daß gemäß der zeitgenössischen Auffassung auch der Kanon dem Begriff der Fuge zu subsumieren ist. Fuge bedeutet dem Wort und damals auch grundsätzlich noch der Sache nach, daß – wie Johann Mattheson es in seinem *Vollkommenen Capellmeister* (1739) erklärt – »eine Stimme vor der andern gleichsam wegfliehet, und auf solcher Flucht, welche lateinisch fuga heißet, so lange auf eine angenehme Art verfolget wird, bis sie sich endlich freundlich begegnen und vergleichen«. Dementsprechend definiert Johann Gottfried Walther in seinem *Musicalischen Lexikon* von 1732 den Canon als »Fugen-Art«, und in seinen *Praecepta der musicalischen Composition* von 1708 behandelt er die verschiedenen Arten der Canones unter der Kapitelüberschrift »Von der Fuga Totali«. Letztere, also den Kanon, nannte man auch »gebundene Fuge« (Fuga ligata), während die Fuge, wie wir sie heute verstehen, als »freie« oder »partikulare Fuge« (Fuga libera oder particularis) bezeichnet wurde.

Insofern besteht auch im Blick auf die Kanons, die in dem Werk enthalten sind, der Titel »Kunst der Fuge« zu Recht – obwohl er nicht von Bachs Hand überliefert ist. Er findet sich, geschrieben von Bachs Schwiegersohn Johann Christoph Altnikol, auf der ersten Seite des Autographs sowie, im Schriftzug von Bachs zweitjüngstem Sohn Johann Christoph Friedrich Bach, auf dem Umschlag der jenem Autograph zugehörigen Beilagen –

beidemal in der Wortform »Kunst der Fuga«. Möglicherweise war Bach selbst sich über die Benennung seines Werkes unschlüssig und hat den Titel »Kunst der Fuga« zwar in Erwägung gezogen, hätte sich vielleicht auch letztlich für ihn entschieden; indessen hätte er dieses Werk auch »Kunst des Contrapuncts« (Ars contrapuncti) nennen können.

Offen bleibt, warum Bach nur die Fugen, nicht aber auch die Kanons je als Contrapunctus bezeichnet hat. Da es sich um insgesamt vierzehn Fugen (= »Kontrapunkte«) handelt (denn zweifellos würde Bach auch die Quadrupelfuge als Contrapunctus bezeichnet haben, wenn er die Überschrift selbst geschrieben hätte), kann man auf den Gedanken kommen, daß diese Zahl auch hier symbolisch gemeint ist. Dies hätte dann allerdings einen gegenüber dem B-A-C-H-Thema anderen Sinn. Es würde besagen: Ich, BACH, habe dies komponiert, das heißt: Ich identifiziere mich mit diesem Werk und mit seiner Aussage. Warum aber wären dann nur die Fugen gemeint und nicht auch die Kanons mit eingeschlossen? – Unabhängig von dem zwar nicht unmöglichen, aber wiederum nicht beweisbaren und auch nicht ganz plausiblen zahlensymbolischen Grund für Bachs Unterscheidung zwischen Contrapunctus (= Fuge) und Canon ist es wahrscheinlich, daß es in Bachs Denken die Fuge war, die zur Demonstration des Contrapunctus und seiner Arten die ideale Form darbot, während der Canon zwar als nicht weniger kunstvoll, indessen – obwohl er hier nicht fehlen durfte – gegenüber der kontrapunktischen Kunst, wie sie sich in der Fuge verwirklichen ließ, mehr als Sonderfall und Parergon galt.

Kontrapunkt und Fuge (einschließlich Kanon) verhalten sich zueinander wie ein satztechnisches Verfahren und eine musikalische Form. Und so wie die Titel nun einmal dastehen, bezieht sich der Gesamttitel auf die Form und der Satztitel auf das Verfahren. Vieles weist darauf hin, daß Bach mit seinem als »Kunst der Fuge« betitelten Werk darauf abzielte, an Hand von Fugen (als Form) die Kunst des Kontrapunkts (als Verfahren) zu veranschaulichen.

Kontrapunkt als Satztechnik oder als ein nach dieser Satztechnik verfertigtes Stück war aber noch in der Bach-Zeit nicht an bestimmte Formen, Geltungsbereiche oder Kompositionsarten gebunden, sondern noch konnte man sagen – wie es bei Walther 1732 heißt –: »Überhaupt nun ist jede harmonische Zusammensetzung ein Contrapunct.« In diesem umfassenden Sinn war ebenfalls noch zur Bach-Zeit der im Spätmittelalter entstandene Ausdruck Contrapunctus mit dem sich seit der Frühneuzeit verfestigenden Begriff Composition gleichbedeutend: »Contrapunctus ist eben dasjenige, was sonsten Compositio genennet wird«, schreibt Walther 1708, und 1732 definiert er Compositio analog seiner Contrapunctus-Definition als »die Wissenschaft, Con- und Dissonanzen also zusammen zu setzen und mit einander zu vereinigen, daß sie eine Harmonie geben«.

Indessen war es die Zeit des 18. Jahrhunderts und hier wiederum die Zeit Bachs, in der die beiden Begriffe auseinandertraten: Während der neuere, von seiner wörtlichen Bedeutung her freiere Begriff Komposition sich als Oberbegriff aller tonsetzerischen Tätigkeiten und Ergebnisse durchsetzte, wurde der ältere, an den Wortsinn »punctus contra punctum« gebundene Name Contrapunctus auf einen bestimmten Geltungsbereich festgelegt, der wesentlich durch die folgenden drei Merkmale gekennzeichnet ist:

1. Contrapunctus ist eine Soggetto-Komposition, Soggetto verstanden als präexistente Melodie (Cantus, Cantus firmus) oder als Thema.

2. Contrapunctus ist vorstellungsmäßig gekoppelt mit der »Versetzungskunst« der Stimmen, das heißt dem einfachen und dem mehrfachen (zweifachen, dreifachen usw.) Kontrapunkt, bei dem die Stimmen lagenmäßig vertauscht werden können.

3. Contrapunctus bleibt verbunden mit dem Prinzip des Setzens punctus contra punctum, Ton gegen Ton, das heißt mit der intervallischen Struktur des mehrstimmigen Satzes, für die ein Denken in Zahlen (numeri) und Verhältnissen (proportiones, rationes), also ein mathematisch orientiertes Denken maßgebend ist. »Die Zusammenstimmung derer Sonorum« ist »eine mathematische Wissenschaft«, schreibt Walther 1708 dementsprechend, und die Musik überhaupt nimmt ihre »Principia proxima ex Mathesi, sonderlich aber aus der Geometrie und Arithmetic, in welchen fürnehmlich von den Proportionibus und Numeris gehandelt wird«.

Alle drei Merkmale in ihrer Zusammengehörigkeit begann man schon in der Bach-Zeit als alt anzusehen; zunehmend galten sie als eine besondere Art des Komponierens, die nun durch das ihr geschichtlich zugehörige Wort Contrapunctus abgedeckt wurde. Im katholischen Raum wurde das Moment des Alten dadurch aufgewertet, daß hier – in Fortführung oder Wiederbelebung der durch das Tridentiner Konzil (1543–63) gestifteten Tradition – das kontrapunktische Komponieren (wie es der an Palestrinas Vokalpolyphonie orientierte, 1725 in Wien erschienene *Gradus ad Parnassum* von Johann Joseph Fux lehrte) als alter, praenestinischer, gebundener, strenger, reiner und gravitätischer Stil für die Kirchenmusik verbindlich blieb. Im übrigen aber und besonders im protestantischen Deutschland, wo die Verkoppelung von Kirchenmusik und altem Stil kaum Geltung gewonnen hatte, bestand die Tendenz, das Alte des Contrapunctus als veraltet anzusehen und vom modernen Geschmack her als Künstelei, papierene Gelehrtheit und Schulfuchserei abzuwerten. Johann Mattheson nennt das Wort Contrapunct (1739) einen »barbarischen Namen« der mehrstimmigen Setzkunst und spricht (1728) vom »alten, verdrießlichen und unverständlichen Contra-Punct-Styl«. Zuvor schon hatte Friedrich Erhardt Niedt im III. Teil seiner *Musicalischen Handleitung* (Hamburg 1717) den Contrapunct als »ein grosses Musicalisches Wunder-Thier« betitelt, von dem die musikalischen »Klüglinge«, »Käutzgen« und »Narren« nicht genug auf lächerliche Weise räsonieren können. Und besonders hält er es nicht der Mühe wert, über »die gedoppelte, verkehrte, gesaltzene, gespickte, gebratene und mit Hasen-Fett begossene Contra-Puncten ... Dinte und Papier ... zu verschmieren; denn der blosse Contra-Punct an sich hält gar keine Lieblichkeit in sich«.

Bach wußte von der aufkommenden Verächtung des Kontrapunkts, er hat sie beobachtet, hat sie erfahren. Es mußte ihn treffen, aber auch reizen. Seine Vorstellung von Komposition war durchaus noch die, daß der Kontrapunkt die Basis allen kompositorischen Handelns ist und dies konkret im Sinne der oben genannten drei Merkmale. Das beweist sein Gesamtwerk, in dem die Soggetto-Komposition einen breiten Raum einnimmt, die Versetzungskunst der Stimmen beständig mitspielt und das proportionale Denken zentral ist. Zugleich aber zeigen Bachs Werke insgesamt, auch und sogar besonders seine Soggetto-Kompositionen, daß sein kontrapunktisches Denken weit über jene Merkmale hinausgeht und kompositionstechnisch wie ausdrucksmäßig beständig in Neuland vorstößt. Dies wird auch für die Kunst der Fuge noch zu zeigen sein.

Wir wissen nicht, warum Bach dieses Werk schrieb. Er hat es uns nicht gesagt. Aber es liegt nahe, anzunehmen, daß er sich mit ihm gegen die Schmähung und Verunglimpfung des kontrapunktischen Komponierens demonstrativ hat wehren und im Sinne einer Verteidigungsschrift seines Kompositionsbegriffs hat sagen wollen: Jetzt zeige ich es ihnen, was Contrapunctus ist und was ich darunter verstehe.

*

Durch eine Arbeit von Hans Gunter Hoke (1977) ist es wahrscheinlich geworden, daß Bach bei diesem Vorhaben seitens der »Societät der musikalischen Wissenschaften« bestärkt wurde, die der einstige Bach-Schüler und derzeitige Universitätsdozent für Mathematik, Physik und Musik Lorenz Christoph Mizler 1738 in Leipzig gegründet hatte. Im Juni 1747 wurde Bach als vierzehntes Mitglied in diese Sozietät aufgenommen, in deren Statuten es heißt, daß jedes Mitglied bis zu seinem 65. Lebensjahr »jährlich wenigstens eine Abhandlung« einzureichen habe (worunter auch Kompositionen zu verstehen sind), und darüber hinaus »soll jedes Mitglied ins besondere bey aller Gelegenheit wider den Mißbrauch der Musik und derselben Stümper und Verächter, und diejenigen, so die Kirchenmusik abgeschafft wissen wollen, mit Worten und Schriften streiten, und sie eines besseren belehren, und sonderlich darauf dringen, daß die Majestät der alten Musik wieder hergestellet, und so eingerichtet werde, daß sie die Sitten bessert, und die Leidenschaften reiniget«.

Nachweislich hat Bach bei seinem Eintritt in diese Sozietät, also für das Jahr 1747, neben einem sechsstimmigen Kanon (BWV 1076) die »Canonischen Veränderungen über das Weihnachtslied Vom Himmel hoch, da komm' ich her« als Pflichtarbeit abgeliefert. Für das Jahr 1748 erfüllte diese Aufgabe sehr wahrscheinlich das im Herbst 1747 im Druck erschienene »Musicalische Opfer«. Und für 1749, das letzte Jahr, in dem Bach zur Einreichung einer Arbeit verpflichtet war, kann er die Kunst der Fuge hierfür bestimmt haben, wodurch sich die Eile bei der Herstellung des Notenstichs erklären ließe, der vorangetrieben wurde, noch ehe die kompositorische Arbeit beendet war. Ob Bach dieses Werk für die Mizlersche Sozietät komponiert hat oder nur als Pflichtbeitrag benutzen wollte, ist damit nicht entschieden – zumal Christoph Wolff auf Grund einer Untersuchung der Schriftzüge und Papiersorten des Autographs jüngst zu dem Ergebnis kam, daß Bach schon Anfang der vierziger Jahre mit der Reinschrift des Werkes beschäftigt war.

Die Frage nach der Entstehungszeit der Kunst der Fuge und nach ihrer Verknüpfung mit Mizlers Sozietät braucht hier nicht weiter erörtert zu werden. Ganz zweifellos ist Bachs Werk in jener Zeit der um sich greifenden Verachtung des Kontrapunkts dessen Verteidigung. Und hierbei konnte Bach in der Sozietät einen Rückhalt finden. Kaum freilich hätte er es gelten lassen, daß durch sein Werk »die Majestät der alten Musik wieder hergestellet« werden sollte. Die Kunst der Fuge ist keine »alte Musik«, sondern neue Musik auf bewährtem Fundament, eine Demonstration für den Kontrapunkt, wie Bach ihn verstand: als Grundlage allen Komponierens, die in Bachs Kunstvermögen dem akkordischen Denken, das den Kontrapunkt vertrieb, nicht widerspricht und fähig ist zur Aufnahme rhetorischer, affektuoser und dramatischer Expressionen, wie keine zeitgenössische Musik sie überboten hat.

*

In seiner Kunst der Fuge demonstriert Bach ein Kompositionsverfahren an einer Form, die hierfür besonders geeignet ist. Man beachte, schreibt Johann Mattheson (1739), »daß alle Fugen mit grösserm Recht, als eine jede [andere] harmonische Zusammenfügung, Contrapuncte sind; aber daß alle Contrapuncte keine Fugen sind«. Seitens der kontrapunktischen Verfahrensweisen – dem ein- und mehrfachen Kontrapunkt mit seinen Versetzungsintervallen, der Engführung und Umkehrung, Augmentation und Diminution, Krebsgängigkeit und Spiegelung – werden die verschiedenen Arten der Fuge geprägt, die ihrerseits die unterschiedlichen kontrapunktischen Techniken zur Verwirklichung ihrer verschiedenartigen Form benötigen.

Die Entfaltung der Fugenkunst und die Progression des Kontrapunkts sind aufs engste miteinander verkoppelt. Bei seinem Werk entschied sich Bach hinsichtlich der zyklischen und zugleich progressiven Anlage für das Primat der Form, wobei jedoch – wie es die Satzüberschriften bestätigen – im Blick auf den Demonstrationscharakter der Contrapunctus das Primat behielt. Und hier ist zunächst entscheidend, daß Bach diese Demonstration nicht an Fugen schlechthin vornimmt, sondern an Fugen über ein und dasselbe Thema. Dies wirkt auf das Verfahren zurück. Die Bindung an nur eine Form, noch mehr aber: an einen einzigen Soggetto beschränkt die kompositorische Freiheit, grenzt das Verfahren ein, das jedoch gerade zufolge solcher Eingrenzung und Beschränkung herausgefordert wird, sich in seinen Möglichkeiten zu entfalten, in seinem Reichtum sich vorzuzeigen.

Mehr noch als andere Soggetto-Formen und -Gattungen – etwa die Choralbearbeitung oder die Kirchenlied- und Ariavariationen, mehr auch noch als der Kanon als Fuga ligata – ist es die Fuge als Fuga libera oder particularis, die sich für die Demonstration des Kontrapunkts anbietet. Denn die Fuge besteht aus gebundenen Partien, den Themendarstellungen (den sogenannten Durchführungen, bei denen das Thema als Dux und Comes durch alle Stimmen geführt wird und wobei die erste Durchführung auch Exposition genannt werden kann), und aus freien Partien, den Zwischenspielen. Gerade in den letzteren entfaltet Bach in seinem Zyklus die kontrapunktische Expression zu jener Intensität des Ausdrucks, die unübertroffen blieb. Hierauf wird später zurückzukommen sein. In den gebundenen Partien hingegen zeigt sich das kontrapunktische Verfahren in seiner strengeren, eben an das Soggetto gebundenen Form, ohne daß doch auch hier jemals das Ausdrucksvolle seitens des Strengen zurückgedrängt oder verkleinert würde.

In den gebundenen Partien der Fuge nimmt das Thema die Rolle eines präexistenten Cantus ein: Gemäß einem Formplan für die Stimmeneinsätze, Durchführungen und Modulationsverläufe wird es – hier zunächst ideell und schematisch gesprochen – in der Weise eines wandernden Cantus firmus in die Notensysteme gleichsam »eingetragen«. Bevor also die eigentliche kompositorische Arbeit anfängt, steht in den Hauptpartien der Fuge schon überall etwas da: das Thema. Und somit ist bei der Komposition der Fuge – aus dem Prinzip ihrer Form heraus – folgendes bereits vorhanden bzw. garantiert: *Zusammenhang* – daß alles aus Einem hervorgeht, denn jede Stimme geht aus dem Thema hervor, ist ja selbst zunächst das Thema; ferner *Gleichrangigkeit* der Stimmen – sie alle sind, gleichberechtigt, Träger des Themas; dies initiiert die *stimmliche Qualität*, den polyphonen, eigenständig melodischen Charakter der Stimmen – denn jede von ihnen wird gleich bei ihrem Beginn von der Melodie des Themas geprägt; und schließlich: ein *Cantus firmus* ist vorhanden, eine präexistente Folge von Punkten, eine Linie für das Setzen der Contrapuncte, der Gegenpunkte und Gegenlinien.

Bei der Komposition der kontrapunktischen Gegenstimmen setzt sich fort, was durch das quasi Eintragen des Themas in die Notensysteme begonnen hatte. *Zusammenhang* stiftet die kontrapunktische Beziehung zwischen Thema und Gegenstimme; dabei bleibt die Gegenstimme durchgehend auf ihre *Gleichrangigkeit* und *stimmliche Qualität* bedacht und kehrt beides oft dadurch noch besonders hervor, daß sie als Kontrasubjekt, wörtlich: als »Gegenthema«, das heißt als beibehaltene Gegenstimme ausgebildet wird. Darüber hinaus gehen in Bachs Kunst der Fuge die Gegenstimmen auch stets in der Weise aus dem Thema hervor, daß sie eine in ihm enthaltene Wendung aufgreifen und durchführen oder eine im Thema angelegte Idee hervorkehren und – bis in die Zwischenspiele hinein – zur *Kompositionsidee* einer Fuge erheben, die somit als Ganzes nach Gestalt und Aussage zu einer Komposition über ihr Thema wird.

*

Der Leser sei nun dazu aufgefordert, Bachs Art der kontrapunktischen Komposition zunächst an einem Ausschnitt aus einer gebundenen Partie nachzuvollziehen. Wir wählen hierfür den Anfang des Contrapunctus I, den wir wie unter einem Vergrößerungsglas betrachten.

32

Das Thema ist als Dux (d. h. in seiner d-Moll-Grundgestalt) im Alt der Komposition vorangestellt und als Comes (d. h. in Gestalt der tonalen Beantwortung) im Sopran »eingetragen« – das Komponieren beginnt. Das heißt, es hat schon begonnen: denn der erste Ton des Comes macht den letzten Ton des Dux zum Beginn der Gegenstimme. Deren stufenweiser Aufstieg in Vierteln zur Quinte kann verstanden werden als gleichsam nachträgliche Ausfüllung des Quintsprungs, mit dem der Dux anfing, oder als Wiederaufnahme der Tonfolge d′-e′-f′ nach der

Themenmitte (cis′) oder als Umkehrung der viertönigen Schlußfigur des Themas: g′-f′-e′-d′ = (d′-)e′-f′-g′(-a′). Dabei werden die Intervalle zwischen Gegenstimme und Comes punctus contra punctum schrittweise intensiver: Quinte – große Sexte – kleine Terz.

Der Oktavsprung abwärts führt – als Sprung der Oktave zunächst unauffällig – ein wichtiges Prinzip ein: Innerhalb eines Akkords (hier a-Moll) kann die Stimme springen. Wir nennen dies: Springen im Akkord.

Mit der Achtelbewegung nimmt die Gegenstimme Anlauf zu dem Ton f′, der in seiner harmonischen Unentschiedenheit hier – vergrößert ausgedrückt – gleichsam hineinplatzt wie einer, der eigentlich nicht dorthin gehört. Und er gewinnt noch an Bedeutung, indem er behandelt wird wie der gleichnamige Ton f′ gegen Schluß des Themas: Er wird mit Überbindung versehen. Dabei ereignet sich hier erstmals, was die Überbindungsfigur des Themas anbietet: der (kontrapunktische) Anstoß. Denn die Themenmitte des Comes, der Ton gis′, macht das überbundene f′ zu einer (Vorhalts-)Dissonanz und zwingt es zur Fortschreitung, zur Auflösung in den Ton e′. Damit ist – wie sich bald zeigen wird – die kompositorische Grundidee dieses Contrapunctus I in Szene gesetzt: die kontrapunktische Anstoßfigur (gekennzeichnet durch ⤸ oder ⤺). Bevor jedoch die Auflösung des f′ ins e′ erfolgt, passiert noch ein Sprung im Akkord: intervallisch als Quinta deficiens, akkordisch als Sprung vor dem Hintergrund des verminderten Septakkords, der (vgl. oben S. 52) bei der Erfindung der Mitte des Themas (cis bzw. gis) als harmonischer Bewegungsimpuls schon mitgedacht war. Die durch einen Sprung im Akkord unterbrochene Auflösungsbewegung nennen wir Auflösung mit Sprungnote.

So sind hier – unter unserem Vergrößerungsglas gesehen – in den drei Tönen f′-h-e′ der Gegenstimme zwei Ideen des Themas in kontrapunktischer Aktion: die Überbindung, die aus Takt 3 gleichsam übernommen wird und sich dem Dissonanzanstoß anbietet, und der verminderte Septakkord, den die Themenmitte potentiell in sich trägt und der bereits hier, wo die Musik gerade erst angefangen hat und der Satz noch zweistimmig verläuft, durch den Sprung im Akkord annähernd realisiert ist.

Die Möglichkeit des Springens im Akkord bereichert den Bachschen Kontrapunkt sehr. Es ist eine historisch zu verstehende Bereicherung, die Bachs kompositionsgeschichtliche Position überhaupt kennzeichnet und die Fülle, den Reichtum seiner Musik an sinnlich gestiftetem Sinn zu erklären hilft. Noch wird der mehrstimmige Satz kontrapunktisch verstanden, als Setzen Ton gegen Ton in intervallischer Messung, das heißt, noch ist hier in Takt 7 der Sprung eine Quinta falsa oder deficiens; aber schon ist auch das akkordische Denken im Spiel, in diesem Fall der verminderte Septakkord. Die Stimme hat – ohne sich als Linie (hier: als Sekundfortschreitung) aufzugeben – den Akkord zur Verfügung und so auch die Akkordbeziehungen und die ganzen Bereicherungen der Ausdrucksskala, die ihr von dorther zuwachsen.

Die Vorhaltsauflösung mit Sprungnote ist die eine Form der kontrapunktischen Anstoßfigur. Die andere, die thematische Überbindungsfigur, folgt ihr noch in Takt 7 sogleich nach: Der Auflösungston e′ im Alt wird überbunden, und durch die Quarte a′ des Comes erhält das überbundene, nunmehr dissonierende e′ einen Stoß und bewegt sich fort in der Form der thematischen Achtelfigur. Während hier die Tonfolge a′-h′ des Comes durch die thematische Überbindungsfigur kontrapunktiert wird, ist im folgenden Takt 8 (der schon oben S. 55 als Beispiel angeführt wurde) das Verhältnis umgekehrt: Die jetzt im Comes gelegene Überbindungsfigur wird durch die Tonfolge e′-fis′-g′ begleitet (eine Imitation der Töne a′-h′-c″) und seitens des g′ angestoßen, das nun seinerseits in den folgenden Takt überbunden und durch den Baßeinsatz zur Fortbewegung veranlaßt wird. Der Sopran springt im Akkord, wird auf dem Ton d″ vom e′ im Alt angestoßen, bildet zur (im Alt gelegenen) Tenorklausel (e′-d′) die Diskantklausel und anschließend die Auflösungsfigur mit Sprungnote (d″-a′-c″), die hier erstmals ohne Dissonanzanstoß auftritt. Das überbundene c″ im Sopran bringt das d′ im Alt in Bewegung und wird dann selbst durch das d im Baß angestoßen, dann das f′ im Alt durch das b′ im Sopran, dann dieses b′ durch das cis, die Themenmitte, im Baß; im Sopran erklingt hier die Vorhaltsauflösung mit Sprungnote im verminderten Septakkord (vgl. hierzu schon oben S. 53). – Und so weiter …

Wir brechen unsere Zeitlupenbeschreibung hier ab. Sie ist mühsam zu lesen. Aber nur so können wir Blick und Ohr für Bachs Art der Komposition schärfen, ein Gespür dafür bekommen, wie sorgfältig hier jeder Ton bedacht, wie vielschichtig er mit Sinn erfüllt ist, welches Kunstvermögen hier herrscht – und dies nicht zuletzt im Blick auf die Beziehungen der kontrapunktischen Stimmen und Geschehnisse zum Thema.

Indessen wollen wir unser Beispiel, den Beginn der Kunst der Fuge, nicht verlassen, ohne noch auf einige Erscheinungen hinzuweisen, die in diesen wenigen Takten ebenfalls greifbar sind.

1. Die Punktierung (♩. ♪) erscheint erst, nachdem sie durch Bindung (♩‿| ♫) vorbereitet ist. Das Vorbereiten oder allmähliche Einführen einer neuen Erscheinung ist ein Grundsatz des Bachschen Kontrapunkts. Man kann sagen: in der Kunst der Fuge tritt nichts Neues unvorbereitet auf.

2. Die Überbindungstechniken haben – besonders bei der Ausführung auf Saitenklavieren – den Effekt der Durchhörbarkeit des Satzes und speziell der Themendarstellungen. Denn während der eine Ton überbunden wird, erklingt der andere, der ihn anstößt.

3. Der Baßeinsatz des Themas wird in Takt 9/10 durch die Tenor- und Diskantklausel der Oberstimmen überlappt. Derartige Überlappungstechniken bewirken das Fließen der Stimmen über die Formglieder hinweg.

4. Der Stimmenfluß wird besonders durch die sich ab Takt 6 entfaltende und ab Takt 10 fast durchgängige Achtelbewegung im Stimmenverband erreicht.

5. Hervorgerufen durch die präexistente Tonfolge des Comes und durch die Diskantklausel, in die er einmündet, erscheint die B-A-C-H-CIS-D-Sphäre schon hier.

Die kontrapunktische Anstoßfigur in den Formen der Vorhaltsauflösung mit Sprungnote und der thematischen Überbindungsfigur beherrscht den ganzen Contrapunctus I. Sie ist die aus dem Thema abgeleitete Kompositionsidee dieser Fuge. Zugleich ist jene Fuge in ihrem Überbindungs- und Anstoßprinzip ein Prototyp der kontrapunktischen Stimmenbewegung: Die Stimmen bringen sich hier beständig wechselweise in Fluß, es braucht nicht eingegriffen zu werden; alles bewegt sich im gegenseitigen Sichanstoßen wie von selbst.

Wie der Eröffnungsfuge, so liegt auch jeder anderen Fuge des Zyklus – unbeschadet ihrer Fugenform und -art – eine bestimmte Kompositionsidee zugrunde. Sie ist stets aus dem Grundthema oder seinen Varianten, Variationen oder Metamorphosen abgeleitet und beherrscht als Grundidee den gesamten Verlauf und den Charakter des Satzes. Zunächst im Blick auf die erste Gruppe der Kontrapunkte, die vier einfachen Fugen über das Grundthema in seiner Normal- und Umkehrungsform, sei dies hier erwähnt. In Contrapunctus I ist es die Idee der kontrapunktischen Anstoßfigur in ihren beiden Grundformen (Beispiel 32, S. 65); in Contrapunctus II die aus der Punktierung der viertönigen Schlußfigur des Themas hervorgehende beständige Achtelpunktierung mindestens einer der kontrapunktischen Stimmen (Beispiele 30 und 47, S. 55 und S. 59); in Contrapunctus III sind Chromatik und Dissonanz zur Idee des Ganzen erhoben (Beispiele 33 und 36, S. 73 und 78), und in Contrapunctus IV ist es die Sprungfigur, insbesondere der Terzsprung abwärts, die den Verlauf beherrscht (Beispiel 45, S. 89).

Dies bestätigt abermals, daß es primär der Contrapunctus ist, den Bach hier – in Form von Fugen – demonstriert. Diese Fugen verwirklichen nicht nur die standardisierten kontrapunktischen Verfahrensarten (wie beispielsweise die Versetzungen, die Umkehrung und Spiegelung, die Vergrößerung und Verkleinerung der Stimmen), sondern zugleich auch je eine Spezies der kontrapunktischen Stimmengestaltung innerhalb jener Verfahrensarten. Solche Spezies verzeichnet – besonders im Anschluß an italienische Kontrapunktlehren (vor allem an Angelo Berardi, 1687) – Johann Gottfried Walther (1732), so zum Beispiel den Contrapunto legato, obligato, sincopato und saltando, also den »aus Bindungen bestehenden«, den als Motiv »hartnäckig« beibehaltenen, den »synkopierten« und den »springenden« Kontrapunkt.

Bei Bach erscheinen die Stimmengestaltungen der einzelnen Kontrapunkte in einer jener Spezieslehre durchaus vergleichbaren, dabei jedoch in einer so reichhaltigen und individuierten Art und Weise, daß wir sie als Kompositionsideen ansprechen können. Und zugleich verbindet sich bei ihm mit jeder dieser Kompositionsideen eine intendierte musikalische Aussage, ein Gehalt, eine rhetorisch oder affektiv geprägte Ausdrucksidee.

Im Sinne solcher Kompositions- und zugleich Ausdrucksideen verstehe ich – gemäß der hier durchzuführenden Interpretation des Gesamtwerks – zunächst die ersten vier Kontrapunkte als eine Rede über das ›Sein‹ und das ›Dasein‹: Der erste Contrapunctus, bei dem – bis auf den Schluß (hierzu später S. 91 f.) – musikalisch alles wie aus sich selbst geschieht, er sagt: »es ist«. Der zweite Contrapunctus mit seinem durchgängigen Punktierungsgestus und seiner widerborstigen Art der Phrasierung sagt: »ich will«. Der dritte Contrapunctus, in dem die Idee der Chromatik und Dissonanz alles beherrscht, er sagt: »ich bin«. Und der letzte Contrapunctus sagt in seinem Affektausdruck der Freude: »ich werde sein«.

Zugegeben, daß diese Deutung zunächst unverbindlich subjektiv erscheinen muß. Vielleicht wird sie es bleiben. Doch wir werden auf die Aussage dieser ersten vier Fugen später noch mehrmals zurückkommen und dann versuchen, das Unverbindliche jener Deutung zu verringern.

Kompositorische Ausdrucksbereiche

Mehrfach wurde im vorigen Abschnitt betont, daß der Contrapunctus für Bach das Fundament eines Komponierens ist, das sich dem Ausdrucksvollen weit öffnet, das Lebendige, Sprechende, expressiv Bewegte in sich aufzunehmen, aus sich heraus zu bilden vermag und somit jenen Reichtum an Sinnhaltigkeit gewinnen konnte, der Bachs Werk auszeichnet und in der Kunst der Fuge kulminiert.

Man hat diesen Fugenzyklus eine abstrakte Musik genannt, die mehr für das denkende Lesen als für das sinnliche Vernehmen geschaffen sei, und kaum je konnte ihr der Nimbus der Weltabgewandtheit und gelahrten Kombinatorik, der Ruch eines Gedankendings der Vereinsamung, der Sprödigkeit des Spätwerks ganz genommen werden. Abstrakt, fleisch- und blutlos ist Bachs Kunst der Fuge jedoch nur in bezug auf dasjenige, was der Contrapunctus in seiner Verwirklichung als monothematischer Fugenzyklus anbietet und erfordert: Engführungen und Umkehrungen, Vergrößerungen und Verkleinerungen, Versetzungen, Krebsgänge und Spiegelungen und die verschiedensten Kombinationen all dieser Formalien. Es ist ganz klar, daß dabei etwas entsteht, das für sich genommen abstrakt aussieht.

Aber für sich genommen gibt es das alles hier ja gar nicht. So wie auch die Fugenform, die sich die kontrapunktische Kombinatorik hier zu ihrer Herausforderung gewählt hat, für Bach nicht ein abstraktes Schema ist, sondern die lebendige, biegsame, in unerschöpflicher Vielfalt abwandelbare Form für ein Auszudrückendes, so ist es das ganz Besondere, in dieser extremen Ausprägung völlig Einmalige an der Kunst der Fuge, daß sie als Zyklus von Kontrapunkten im Medium nur dieser einen Form und in der Bindung an ein einziges Thema zum höchsten Grad kombinatorischen Komponierens gezwungen ist, dabei jedoch ein Höchstmaß an Ausdruck, die ganze Palette der Bachschen Expressivität zur Erscheinung bringt.

Dies soll im folgenden gezeigt werden.

Chromatik

Sehr bemerkenswert ist es, wie Bach die Chromatik in die Kunst der Fuge einführt. Dies geschieht in Contrapunctus III. Nachdem sie in den ersten beiden Fugen fast gänzlich ausgespart geblieben war, wird sie nun – zusammen mit der ihr zugehörigen Sphäre der exponiert dissonierenden Intervalle – zur Kompositionsidee dieser Fuge erhoben.

Es ist die erste der beiden einfachen Fugen über die Themenumkehrung, die hier überhaupt erstmals erscheint. Die Verkoppelung von chromatischem Kontrapunkt und Umkehrungsform des Grundthemas bestätigt unsere Interpretation dieser Themenform (oben S. 50f.); deren Kennzeichen: die pathopoietisch betonte Halbtonfigur a-b-a und die in ihr angelegte B-A-C-H-Sphäre, weisen – ebenso wie die Chromatik – in Richtung des ›Daseins‹.

Ganz ungewöhnlich ist es, daß hier eine Fuge nicht mit der Dux-, sondern mit der Comesform des Themas beginnt. Indem wir uns klarmachen, warum das so ist, zeigt sich schon an diesem einen Beispiel eindrucksvoll, daß die Fugenform bei Bach nicht einem regulativen Schema folgt, sondern immer wieder neu seitens einer Kompositionsidee bestimmt wird, die ihrerseits auch eine Idee des Ausdrucks, des ›Besagens‹ in sich enthält.

Der Comes der Umkehrung des Grundthemas zeichnet sich dadurch aus (vgl. schon oben S. 51), daß die Pathopoiia hier besonders betont hervortritt und daß aus tonalen Gründen beim Aufstieg der Ton c und beim Abstieg – ebenso betont – der Ton cis erklingt. Aus dieser verschiedenen Ausprägung derselben Tonstufe, also indirekt ebenfalls aus dem Grundthema, leitet

33

Bach die Chromatik ab: Das cis′ in der Achtelfigur des Themenabschlusses erscheint schon zwei Töne später als c′, das heißt, die zueinander im Verhältnis der Chromatik stehenden Töne (c′/cis′) rücken – gegenüber dem Comes – näher zusammen, um gleich darauf (h/b) unmittelbar nacheinander zu erscheinen: die Chromatik ist eingeführt. Sie bezeichnet bei Bach ein verbal Benennbares, das um den Begriff der »Sünde« zentriert ist (vgl. oben S. 16), also um die Mitte des ›Daseins‹ im christlichen Sinne – einen Ausdrucksbereich, dem auch die pathopoietische Figur e-f-e des Comes zugehört.

Eingefügt sei hier der Hinweis darauf, daß Bach schon bei der letzten Themendarstellung des vorhergehenden Contrapunctus II jene durch die »verschiedene Ausprägung derselben Tonstufe« bewerkstelligte Einführung der Chromatik fast buchstäblich vorweggenommen hat (Beispiel 34, S. 74). Diese letzte Themendarstellung im Sopran hat Bach dem Contrapunctus II hinzugefügt, als er ihn im zweiten Arbeitsgang umplazierte: Ursprünglich folgte er der chromatischen Fuge nach, nun aber geht er ihr voraus. In seinem Punktierungsgestus sagt der Contrapunctus II »ich will«, und indem er nun am Schluß auf die Chromatik des Contrapunctus III vorausweist, sagt er schon selbst: »ich will« – jedoch: »ich bin«.

Doch nun kehren wir zurück zum Contrapunctus III, und wiederum betrachten wir die wenigen Takte der kontrapunktischen Gegenstimme, die im Beispiel 33 wiedergegeben ist,

34 Contrapunctus II

Contrapunctus III

gleichsam unter dem Vergrößerungsglas. Zunächst: auch hier erklingen bei der Themenmitte (Takt 7) die Rahmentöne des verminderten Septakkords, der dann bei den folgenden zwei Themendarstellungen dieser ersten Durchführung sukzessiv ausgefüllt wird. Und auch hier wieder ist die kontrapunktische Anstoßtechnik zu beobachten: Der Ton d′ des Themas stößt das c′ an, der Ton b′ das überbundene cis′, der Ton f′ das überbundene e und so weiter.

Die ersten fünf Töne der Gegenstimme bilden einen Quartgang, im Beispiel als a bezeichnet. Er besteht aus einer Synkope (α), das heißt aus einem »Schlag wider die Ordnung« des Takts, sowie aus den chromatischen Tönen (β), einem »Abweichen von der Ordnung« der Diatonik; beides wird überlagert durch eine Folge von vier Tönen im Halbtonabstand (┌----┐), die die B-A-C-H-Sphäre ausprägen. Als zweites Motiv erscheint die thematische Achtelfigur (b), deren Ecktöne eine Quarta deficiens bilden (gis-c′). Überlappend schließt sich der Quartgang aufwärts an (a), wobei die chromatische Tonfolge (c′/cis′) in die Synkope hineinverlegt (α/β) und die Folge der Halbtöne verschoben ist. Zwischen diesen Quartgang aufwärts (a) und die folgende thematische Achtelfigur (b) ist der Ton e′ mit Überbindung eingeschoben, der zusammen mit dem vorhergehenden f′ die Synkope bildet (α) und dabei zugleich die pathopoietische Halbtonfigur e-f-e des Comes aufgreift.

Über die Kompositionskunst, die in dieser Gegenstimme am Werk ist, kann man sich nicht genug verwundern. Sie ist in ihrer

Entfaltung der Chromatik und in ihrer Achtelfigur aus dem Thema abgeleitet, fügt die Synkope und die Pathopoiia hinzu, ist mit immer demselben immer wieder anders – und sie redet und sagt: ich bin wider die Ordnung und unvollkommen, bin sündig, ich leide – »ich bin«. Und damit hängt es zusammen – nicht mit reiner Kompositionstechnik, sondern mit dieser Aussage –, daß erstmals in dieser Fuge die Gegenstimme als Kontrasubjekt fungiert, das heißt bei fast jeder der insgesamt zwölf Themendarstellungen wiederkehrt, buchstäblich oder dem Umriß nach: Dieses »ich bin«, diese Mitte des ›Daseins‹, ist aus sich heraus nicht veränderbar.

Ebenfalls von der Aussage her ist es begründet, daß das Thema hier auch variiert erscheint. In den ersten drei Themendarstellungen der zweiten Durchführung rückt – vorbereitet schon in Contrapunctus II, Takt 69ff., und verbunden mit Durchgangstönen und einer Wechselnote – die Synkope des Kontrasubjekts in das Thema ein (Beispiel 35a). Und in den beiden mittleren Themendarstellungen der dritten Durchführung wird – im

35

Rückgriff auf Contrapunctus II und in Vorwegnahme von Contrapunctus V – die Synkope zur Punktierung verändert (Beispiel 35b). Beide Veränderungen verstärken die pathopoietische Wirkung des Tones b. Bei der letzten dieser Varianten erscheint auch die Chromatik innerhalb des Themas selbst (Beispiel 35c). – Von hier aus rückt die Frage in den Blickpunkt, ob nicht überhaupt alle Themenvariationen in der Kunst der Fuge nicht nur »rein musikalisch« zu verstehen, sondern zugleich auch ausdrucksmotiviert sind.

Schon öfters ist hier von Figuren im musikalisch-rhetorischen Sinn die Rede gewesen: von Polysyndeton, Emphasis, Gradatio oder Climax, Pathopoiia, Passus duriusculus usw. Solche Figuren sind im Barock ein Mittel des musikalischen Ausdrucks, dies jedoch nicht in einer gefühls- oder stimmungshaften, ästhetisch unbestimmten, sondern in einer gleichsam »redenden« und begrifflich ansprechbaren Weise. Was die musikalisch-rhetorischen Figuren benennen können, ist oft schon durch ihre Namen angedeutet; so zum Beispiel vermag die verminderte Quarte, genannt: Quarta falsa, Quarta deficiens oder Saltus duriusculus, das »Falsche«, »Mangelhafte«, »Harte« zu bezeichnen, das dann in der Vokalmusik durch den Text und darüber hinaus (auch in der Instrumentalmusik) durch die Kombination mehrerer sich in ihrer Aussage ergänzender Figuren näher definiert werden kann.

Viele der über hundert Figurennamen, die die barocke Musiklehre überliefert, sind nach den Redefiguren der Rhetorik benannt und ihnen nachgebildet, zum Beispiel Polysyndeton und Gradatio (Climax); andere Namen wurden für die musikalischen Sachverhalte eigens erfunden, zum Beispiel Passus und Saltus duriusculus. Doch nicht nur alles dasjenige, was die zeitgenössische Kompositionslehre als Figur benannt und definiert hat, sondern jede abgrenzbare und auffällige musikalische Gestalt und kompositorische Technik konnte abbildlich gemeint sein, auch zum Beispiel die Synkope oder eine ostinate Bildung oder auch die Diskantklausel, wenn sie so betont hervortritt wie bei dem B-A-C-H-Thema der Kunst der Fuge. In allen Fällen, auch den zuletzt genannten, fungieren die Figuren im rhetorischen Sinn, nämlich als Abweichung gegenüber dem Gewohnten, als Erfindungsquelle, als Ausschmückung und als Ausdrucksmittel. Dabei ist das musikalische Ausdrücken zumeist ein Nachahmen oder Abbilden nach dem Prinzip der partiellen Übereinstimmung oder der analogischen Beziehung zwischen den Merkmalen der Figur und denen des abzubildenden Gegenstands; so zum Beispiel kann die verminderte Quinte in dem Sinn abbildlich gebraucht sein, daß sie in ihrer Unvollkommenheit so falsch und mangelhaft ist wie das menschliche ›Dasein‹ in seiner Unvollkommenheit.

Durch das barocke Analogiedenken sind Figur und Symbol miteinander verbunden. Während aber bei dem Symbol, zum Beispiel dem Tonbuchstaben-Symbol b-a-c′-h oder dem Zahlenalphabet-Symbol »14«, das analogische Moment dem ästhetischen Gebilde lediglich anhaftet und eines begrifflichen Vorwissens bedarf, um als ein Meinen erkannt zu werden, wirkt die musikalisch-rhetorische Figur analogisch aus sich selbst kraft ihrer sinnlich sich mitteilenden Merkmale – wenn auch das rhetorische Verstehen von Musik heute der zeitbezogenen Einübung bedarf und eine historisch kognitive Einstellung zur Musik voraussetzt.

So wie die Figurenlehre ist auch die Figurenkomposition an das kontrapunktische Denken der Barockzeit gebunden. Sie entfaltete sich seit Ende des 16. Jahrhunderts zusammen mit dem neuzeitlichen Bedürfnis, in der Musik Textgehalte und Gemütsbewegungen auszudrücken und zugleich den musikalischen Ausdruck verstandesmäßig zu durchdringen und lehrbar zu machen. Sie besaß in den durchrationalisierten Normen des Kontrapunkts, dem Netz seiner Regulative, den Hintergrund, vor dem sich die figürliche Bildung abhebt, um sich in ihrer Besonderheit als Abbild anzubieten. Und sie verlor an Bedeutung seit dem mittleren 18. Jahrhundert, als der kontrapunktische von dem akkordfunktionalen Tonsatz verdrängt wurde, das Komponieren von seiner engen Beziehung zur Rhetorik sich löste und die Idee der autonomen, spezifisch »ästhetisch« und wahrnehmungspsychologisch begründeten Musik an Boden gewann.

Für Bach war das musikalisch-rhetorische Sprechen noch ebenso gültig wie das kontrapunktische Denken. Und oftmals sind gerade dort, wo seine Musik am ausdrucksvollsten ist, die Figuren am reichsten und intensivsten im Spiel. Erinnert sei nur etwa an die dreistimmige f-Moll-Invention, den Orgelchoral »Durch Adams Fall ist ganz verderbt« im Orgelbüchlein und das Crucifixus der h-Moll-Messe. Auch in dieser Hinsicht steht die Kunst der Fuge den anderen Werken in nichts nach, trotz – oder viel besser gesagt: entsprechend – ihres Charakters als Demonstration des Kontrapunkts im Bachschen Sinn.

*

Auch hierfür möge ein einziges Beispiel, noch dazu eines von nur wenigen Takten, genügen. Wir wählen diesmal eine freie Fugenpartie, und zwar das erste Zwischenspiel jenes Contrapunctus III, in dem Bach – wie im vorigen Abschnitt gezeigt wurde – die Chromatik zur Kompositionsidee erhebt, um in ihr die Sphäre des ›Daseins‹, des »ich bin«, zu thematisieren.

In diesem Zwischenspiel erscheint eine Satzart, die der Fuge eigentlich zuwiderläuft. Bei letzterer sind die Stimmen als Träger des Themas und der zum Thema gebildeten Kontrapunkte grundsätzlich gleichartig. Bei unserem dreistimmigen Beispiel aber ist – wie in einem Triosatz – das musikalische Geschehen aufgeteilt in den Baß und ein Oberstimmenduo, die beide eine je eigene Rolle spielen.

36

Das Baßmotiv ist aus der thematischen Achtelfigur beziehungsweise der Figur b des Kontrasubjekts (vgl. Beispiel 33, S. 73) abgeleitet, wobei dieser Figur hier zwei Achtel vorangestellt sind (Tonfolge A-B-A) und ein Oktavsprung abwärts angehängt ist. Es ergibt sich eine typische Baßfigur, die – je durch eine Pause getrennt – im dominantischen Stufengang (A-D-G-C-F) sequenzierend wiederholt wird und dabei die Trägerrolle einer Modulation von A- nach F-Dur übernimmt.

Das Oberstimmenpaar tauscht taktweise zwei Motive aus: zum einen ein viertöniges Halbtonmotiv abwärts (a_1), das aus dem Beginn des Kontrasubjekts dieser Fuge abgeleitet ist (vgl. Beispiel 33); von ihm übernimmt es die Synkope, die hier beim Taktwechsel nochmals erscheint, sowie die Chromatik; zum anderen ein viertöniges Sprungmotiv mit Punktierung des zweiten Viertels (im Beispiel als c bezeichnet; Synkope und Punktierung bzw. Überbindung bestimmen die anschließenden Variationsformen des Themas, siehe S. 75, Beispiel 35). Zwischen dem Halbtonmotiv und dem Sprungmotiv erklingt jedesmal die verminderte Quarte.

Der Ausdrucksbereich, genauer: der Redeinhalt, den schon das Kontrasubjekt zur Sprache brachte (»Sieh nicht an unser Sünde groß ...«), wird hier mit den gleichen rhetorischen Figuren nochmals umschrieben: Synkope, Passus duriusculus und Quarta falsa (Saltus duriusculus). Während das Kontrasubjekt durch seine beständige Wiederkehr das Immerwährende, aus sich heraus nicht Veränderbare des menschlichen Daseins benennt, wird diese Aussage in dem Zwischenspiel von dem beständigen Beibehalten der Satzereignisse übernommen: Der Baß hat den Charakter eines Ostinato, einer härtnäckigen Wiederkehr des gleichen (wobei die immer wiederkehrende Pause zusätzlich als Figur der Tmesis, des »Zerschneidens«, hier in der Bedeutung des Schnitts zwischen Gott und Mensch, verstanden werden kann), und die Oberstimmen drehen sich beständig um sich selbst, so daß das hier entscheidende chromatische Motiv andauernd erklingt. Abbildlichkeit gewinnt in diesen vier Takten der von Johann Gottfried Walther (1732) angeführte Contrapunto obligato oder perfidiato, »ein hartnäckiger Contrapunct«, von dem »nicht abgewichen werden darf«. Vielleicht kann man sogar sagen, daß hier auch die Triosatzart abbildlich gemeint ist, nämlich als Verstoß gegen die Ordnung des Fugensatzes.

Diese Musik redet in Figuren; sie sagt abermals: ich bin wider die Ordnung und unvollkommen, bin sündig, und sie fügt hinzu: ich bin es beständig, ostinat, und ich kann aus eigener Kraft da nicht herausfinden (»Sieh nicht an unser Sünde groß / sprich uns derselb aus Gnaden los«). Dies ist das B-A-C-H, das der Töne CIS-D bedarf.

B-A-C-H

Der chromatische Contrapunctus III hat ein Gegenstück in dem Contrapunctus XI, einer vierstimmigen Fuge über zwei Themen und zwei Kontrasubjekte, die die Gruppe der vier Fugen über mehrere Themen abschließt und in der ebenfalls die Chromatik eine dominierende Rolle spielt. Und dieser Contrapunctus XI steht in enger Beziehung zu Contrapunctus VIII, einer dreistimmigen Fuge über zwei Themen und ein Kontrasubjekt, die die Gruppe der vier Fugen über mehrere Themen eröffnet (vgl. den Formaufbau S. 111). Diese beiden Fugen, die in der Fassung des Autographs unmittelbar aufeinander folgten, umrahmen in der Endfassung die beiden anderen Doppelfugen dieser Gruppe, indem sie die beiden Themen und eines der beiden Kontrasubjekte gemeinsam haben.

In Contrapunctus XI, den wir im folgenden betrachten, werden die Themen jedoch in einer anderen Reihenfolge durchgeführt – und dies ist für die Aussage der Fuge entscheidend. Zudem wird hier – und dies betrifft den Progreß der Fugenkunst – nicht nur gemäß der Vierstimmigkeit ein zweites Kontrasubjekt eingeführt, sondern im Unterschied zu Contrapunctus VIII auch das gesamte thematische Material in der Normal- und der Umkehrungsform bearbeitet und in mannigfachster, kontrapunktisch demonstrativer Weise miteinander kombiniert. – Wiederum beschränken wir uns hier darauf, den Ausdrucksbereich, die Rede dieser Komposition zu erkennen und anzusprechen, die – bevor die Gruppe der Spiegelfugen beginnt – nochmals aufs deutlichste uns sagt, was in der Kunst der Fuge die Tonfolge B-A-C-H bedeutet. Dabei kann es genügen, die Anfänge der vier Formteile dieser Fuge zu beschreiben, deren erster Großteil (89 Takte) aus drei Teilfugen besteht, während der zweite Großteil (95 Takte) die Themen und Kontrasubjekte durchgängig und in formal freier Weise kontrapunktisch durchführt.

Contrapunctus XI beginnt mit einer Teilfuge über eine Variation des Grundthemas, die gekennzeichnet ist durch die fast durchgängigen Achtelwerte, die Einfügung von zwei Tönen (×) und – vor allem – durch die Achtelpause bei jedem Taktbeginn. Bei diesen Pausen handelt es sich, auch der Wirkung nach, ganz eindeutig um die musikalisch-rhetorische Figur der Suspiratio, deren Ausdruck die Figurenlehre als »Seufzen und Stöhnen«

37

umschreibt. Mit diesem Eröffnungsthema, das wir als Suspiratio-Variation des Grundthemas bezeichnen (und das in Contrapunctus VIII nur in der Umkehrungsform und zudem als letztes der Themen, also als Zielpunkt der Entwicklung ein- und durchgeführt worden war), ist die Grundaussage dieser Fuge umschrieben: das Seufzen des Ichs in seinem Dasein. Zufolge der beiden Toneinfügungen besteht dieses Thema aus vierzehn Tönen; läßt man dies zahlensymbolisch gelten, so ist – stellvertretend – Bach selbst das Ich.

Während die Gegenstimme zum anschließend einsetzenden Comes die Synkope ins Spiel bringt, die in wechselnder Gestalt und in der Bedeutung des Verstoßens gegen die Ordnung des Takts fortan immer wieder erscheint, schließt sich dem Comes selbst eine Wendung an, die die Chromatik in diese Fuge einführt und den Grund des Seufzens benennt, die Last der Sünde:

38

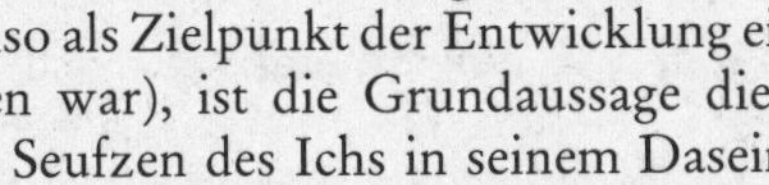

Wir erinnern uns, daß im Contrapunctus III die Chromatik aus dem Comes der Umkehrung des Grundthemas musikalisch abgeleitet worden war (oben S. 72f). Hier jedoch ist ihr Erscheinen gehaltlich motiviert: Die Figur der Suspiratio hat – als Angabe ihres Grundes – den Passus duriusculus zur Folge. Diese erste

Teilfuge, die das Suspiratio-Thema einmal durchführt, endet (Takt 25/26) mit einem chromatischen Quartgang im Alt (d''-cis''-c''-h'-b'-a'), der den Schluß der letzten Themendarstellung kontrapunktiert und das nun einsetzende chromatische Kontrasubjekt ankündigt.

Die zweite Teilfuge führt (Takt 27) als zweites Soggetto die Umkehrung jenes Themas ein, mit dem der Contrapunctus VIII begonnen hatte und das wir zunächst in seiner Normalgestalt betrachten wollen (die ja auch gegen Ende dieses Fugenteils zweimal erscheint, Takt 57ff. und 68ff.):

39

Dieses tänzerisch beschwingte, wie ein Ball springende, lebensvolle Thema verbindet Gang und Sprung. Es besteht aus einem aufstellenden Teil, in dem ein mit Chromatik durchsetzter Quintgang durch federnde Quartsprünge unterbrochen wird, und einem antwortenden Teil, der mit einem Quintsprung endet. Dieses lebensvolle Gang-Sprung-Thema – es exponiert die B-A-C-H-Sphäre und besteht (vielleicht nur zufällig) aus »vierzehn« Tönen – ist zu Beginn des Contrapunctus VIII das erste »neue« Thema innerhalb des Gesamtwerks. Aber ist es wirklich neu? Ist nicht zu erwarten, daß Bach in diesem monothematischen Fugenzyklus sämtliche Themen direkt oder indirekt aus dem Grundthema gewonnen hat? Eine indirekte Ableitungsmöglichkeit bietet der Beginn des Kontrasubjekts von Contrapunctus III:

40

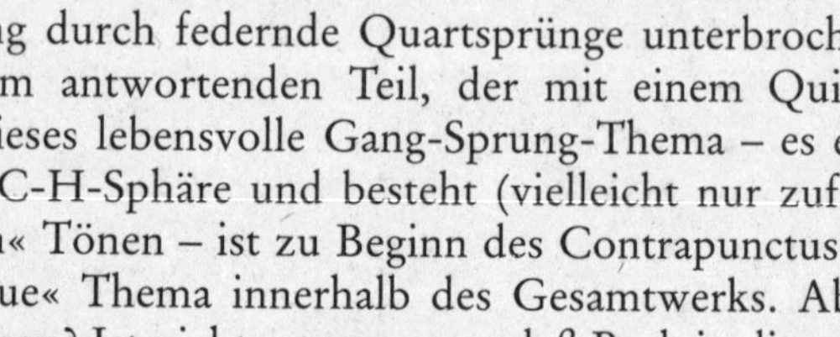

Damit wäre das lebensvolle Gang-Sprung-Thema innerlich an die chromatische Ausdruckssphäre des Contrapunctus III zurückgebunden. (Zur direkten Ableitung aus dem Grundthema vgl. S. 102.)

Diese Zurückgebundenheit, die – Bachisch gedacht – dem tänzerisch beschwingten Charakter dieses Themas nicht widerspricht, wird durch die zweite Teilfuge des Contrapunctus XI voll bestätigt. Hier wird es zunächst in seiner Umkehrungsform ein- und durchgeführt und dabei sofort durch einen chromatischen Gang auf- und abwärts kontrapunktiert, der hinfort die

41

Bedeutung eines Kontrasubjekts gewinnt: Jedesmal, wenn das lebensvolle Thema sich blicken läßt, ist das chromatische Kontrasubjekt sein Kommentar und breitet sich von hier aus auch auf die Zwischenspiele und die ganze Fuge aus. (Im obigen Beispiel mündet der chromatische Quintgang im Sopran in die musikalisch-rhetorische Figur der Exclamatio, des »Ausrufs«, hier in Form eines Sextsprungs aufwärts.)

Die dritte Teilfuge besteht aus einer Durchführung der Umkehrungsform der Suspiratio-Variation des Grundthemas. In deren Seufzer hinein seufzen zu Beginn dieses Teils die Oberstimmen in melodischen Vorhaltsfiguren, deren zweite aus dem verminderten Septakkord heraus im Sopran die B-A-C-H-Tonfolge anklingt läßt, während der Baß die Pausenfigur der Tmesis bildet (Beispiel 42, S. 84). Auch hier ist alles, was musikalisch geschieht – die Pausen- und die Vorhaltssuspirationes, die Tmesis-Figur, die Quintae deficientes des verminderten Septakkords –, rhetorisch auf den einen Ausdrucksbereich gerichtet, den des ›Daseins‹, dem die B-A-C-H-Tonfolge zugehört. Chromatische Gänge und Synkopenbildungen beherrschen dann den weiteren

Verlauf dieser Teilfuge, die in Takt 89 im Alt mit einem melodischen Seufzermotiv schließt.

42

Der zweite Großteil dieser Fuge beginnt (Takt 89) mit dem lebensvollen Gang-Sprung-Thema in der Umkehrungsform. Es wird hier nicht – wie in der zweiten Teilfuge – von dem chromatischen Kontrasubjekt, sondern von dem zweiten Kontrasubjekt dieser Fuge kontrapunktiert und zugleich kommentiert, einer

43

engschrittigen Sechzehntelbewegung mit Vorhalten und Tonrepetitionen, einem nahe der Chromatik gelegenen, unruhig und ängstlich wirkenden Gebilde, das, sofern es in der aufsteigenden Form mit dem Ton b beginnt, die B-A-C-H-Tonfolge exponiert, die es als Tonfolge-Charakter auch bei seinem Beginn auf anderen Tonstufen bekundet.

In seiner absteigenden Form, in der es schon in Contrapunctus VIII erschien, kann dieses Kontrasubjekt in einem Ableitungsverhältnis zu dem lebensvollen Gang-Sprung-Thema gesehen werden:

44

Ich möchte nicht darüber streiten, ob es sich bei diesem Sechzehntelgebilde um ein drittes Thema handelt (wie meist behauptet wird) oder um ein zweites Kontrasubjekt (wie ich meine); es ist nicht eigentlich thematisch prägnant, zudem labil schon ab seinem zweiten Takt, und es wird auch nicht fugenartig durchgeführt, sondern bleibt während dieses ganzen Fugenteils in Auf- und (gespiegelter) Abwärtsführung und in allen möglichen Kombinationen mit den anderen Themen und mit sich selbst nahezu durchgängig präsent. – Nicht zu bezweifeln ist aber, daß Bach hier die Töne b-a-c-h symbolisch gemeint hat; es ist ein B-A-C-H-Kontrasubjekt – allerdings in dieser Form und in dieser Umgebung ohne Diskantklausel.

Der Contrapunctus XI kann als eine vorläufige Zusammenfassung fast aller in den vorhergehenden Fugen demonstrierten Möglichkeiten kontrapunktischer Verfahrensweisen angesprochen werden: Er ist Fuge über ein Thema, über die Normal- und Umkehrungsform eines zweiten Themas mit Kontrasubjekt, Fuge über zwei Themen und zwei Kontrasubjekte mit Engführungen, Umkehrungen und Stimmenversetzungen des gesamten thematischen Materials, und er nimmt in den thematischen Spiegelungspartien (Takt 158ff. und 164ff.) kompositorisch die Form der Spiegelfugen vorweg.

Diese Fuge gehört zu den kontrapunktisch dichtesten und zugleich zu den ausdrucksvollsten Fugen, die Bach geschrieben hat. Sie ist ausdrucksvoll freilich in einem bestimmten Sinn. Sie stellt das »Lebensvolle« in die Welt des »Seufzens«, des »harten Gangs« und der »Unruhe und Angst«, und zwar so, daß das lebensvolle Thema aus der chromatischen Sphäre (des Contrapunctus III) erwächst, sie sogar in sich enthält und von ihr in der Erscheinung des chromatischen Kontrasubjekts kommentiert wird – und ferner so, daß das lebensvolle Thema selbst das engschrittig ängstliche B-A-C-H-Kontrasubjekt aus sich entläßt, um fortan von ihm überschattet zu werden. Wie schon der Contrapunctus III, nun aber noch intensiver, noch deutlicher sagt diese Fuge unter Einsatz aller kompositorischen Erfindungskraft: »Ich bin.« Sie bestätigt, wo die B-A-C-H-Tonfolge sich angesiedelt weiß.

Sie ist ein Höhepunkt auch im Sinne des anschließenden Umschlags, der Verwandlung des Geschehens in die Aussage der Spiegelfugen, in denen das alles getilgt ist: das Seufzen, das Harte und das Ängstliche, auch die Synkopen und die falschen Intervalle – getilgt ist aus Gnade, jener, die in der Spiegelung das Eine ohne menschliches Zutun zu dem Anderen werden läßt und die allein das B-A-C-H-CIS-D-Thema der Schlußfuge, die Verbindung des Ichs mit dem Grundton, zu rechtfertigen vermag.

Affekt

Figur und Affekt bezeichnen die wesentlichen musikalischen Ausdrucksarten im Barock. Sie berühren und überschneiden sich. Im Blick auf das sie Unterscheidende jedoch verhalten sie sich zueinander wie das rhetorisch Konkrete und das gemüthaft Allgemeine.

Die musikalische Figur verweist als Abbild in eine Richtung, in der es das fest Umrissene gibt, Gegenstände, Verhaltensweisen, Sachen und Sachverhalte: Sünde, Falschheit, Gnade, auch etwa das Geschlängelte der Schlange, das Hohe des Himmels, das Sichkreuzende des Kreuzes. Die Affekte aber sind als musikalisch Nachgeahmtes die typisierten Zustände des Gemüts: Freude und Traurigkeit, Liebe und Haß, Hoffnung und Verzweiflung usw., die durch ein Konkretum ausgelöst werden können, selbst aber das Konkrete nicht sind – wenn auch zum Beispiel die Figur der Suspiratio, des »Seufzens«, dem Affekt der Begierde zuzugehören vermag, der Affekt der Traurigkeit mit der Figur des Passus duriusculus verbunden sein kann und die ostinate Bildung oder die pathopoietische Wendung sowohl ein rhetorisch Konkretes zu bezeichnen als auch ein gemüthaft Allgemeines (den Affekt der Hartnäckigkeit oder des Leidens) nachzuahmen vermögen.

Bei der Figurenkomposition und -lehre geht das analogische Denken primär von den musikalischen Gebilden aus. Sie werden in der als Musica poetica benannten Kompositionslehre verzeichnet und definiert und können als Satzfreiheiten, als Schmuck und gemäß ihren Merkmalen auch als Abbild verwendet werden. Die Figur ist ein kompositorisches Ereignis, das dem Objektbereich der Poetik, des »Machens«, des künstlerischen Herstellens zugehört; die Wirkung auf das Subjekt, sein Gemüt, ist bei ihr nicht oder nur sekundär ins Blickfeld gerückt.

Bei der Affektenkomposition und -lehre hingegen setzt das analogische Denken bei dem Menschen an, seinen Gemütsverfassungen. Diese werden klassifiziert, um sie im Verfahren der Nachahmung musikalisch auszudrücken und somit das Gemüt des Menschen zu beeinflussen, zu bewegen. Die musikalische Affektenlehre des Barocks ist nicht eine Lehre des Zusammensetzens musikalischer Gebilde, die besagt: dies sind die kompositorischen Normen und dies die als Figuren normierten Abweichungen von ihnen, sondern sie ist eine Wirkungslehre, die Aufschluß darüber gibt, welche Mittel zur Erzielung einer Gemütsbewegung angewandt werden können. Ihre Begründung ist physiologischer oder mathematischer Art. Die physiologische Begründung argumentiert mit den Lebenssäften und -geistern (humores und spiritus animales), die durch die musikalischen Ereignisse beeinflußt werden und – in Abhängigkeit von dem Temperament des Hörers – die Gemütsverfassung steuern, zum Beispiel: Die Freude geht mit einer Ausbreitung der Lebensgeister einher und wird demnach durch weite Intervalle bewirkt, und umgekehrt bei der Traurigkeit. Hingegen arbeitet die mathematische Begründung mit den in Zahlen ausdrückbaren Klangproportionen, ihrer harmonischen Vollkommenheit und disharmonischen Unvollkommenheit: Je weiter ein musikalisches Ereignis von der Vollkommenheit entfernt ist, desto größere Verwirrung und Traurigkeit bewirkt es, und umgekehrt ist es mit der Freude.

Die barocke musikalische Affektenlehre, die von der italienischen und französischen Renaissance ausging, war als Wirkungslehre weit moderner und zukunftsträchtiger als die musikalisch-rhetorische Figurenlehre, die aus dem Humanismus stammt und hauptsächlich an den deutschsprachigen Raum gebunden blieb. Die Figur war wesenhaft mit dem Regulativ des kontrapunktischen Komponierens verknüpft, und dessen Verdrängung aus der modernen Musik bedeutete das Ende der Figurenkomposition. Man kann sagen, daß Bachs Kunst der Fuge das letzte Werk ist, in dem die musikalisch-rhetorischen Figuren als Ausdrucksmittel großer Musik fungieren.

Die Musik der Affekte fand ihre Domäne hauptsächlich in der Oper, im Oratorium, in der Publikumsmusik. Sie trat am Ende der Barockzeit nicht ab, sondern verwandelte sich zu jener Ausdrucksmusik, die die Typisierung der Gemütszustände verfeinerte und schließlich preisgab, die physiologische Begründung durch eine psychologische zu ersetzen begann und die Wirkung der Musik nicht mehr durch Nachahmung, sondern durch die Unmittelbarkeit des seelischen Ausdrucks zu erreichen suchte. Ein Komponist der auf Publikumswirkung bedachten Affektenmusik ist Händel gewesen, während für Bach das rhetorisch Sprechende bezeichnend war, dessen rezeptives Verständnis die Einsicht in die rednerischen Details erfordert. Indessen, wenn auch bei Bach die Figur das Primat hat vor dem Affekt, so beherrschte er doch beides: Auch von ihm gibt es ausgesprochene Affektenmusik, Freudiges, Zärtliches, Trauriges.

Wiederum nur an einer Stelle von wenigen Takten, und zwar am Schluß des zweiten Zwischenspiels des Contrapunctus IV, sei dies hier aufgezeigt (Beispiel 45). Der vierstimmige Satz arbeitet mit zwei Motiven, der thematischen Achtelfigur, die den unmittelbaren Bezug zum Grundthema herstellt und auch hier als Bewegungsimpuls fungiert, und dem fallenden Terzsprung, der in dieser Fuge allmählich eingeführt wird und schon in dem ersten Zwischenspiel (Takt 19–26) dominiert. Hauptsächlich der fast durchgängig erklingende fallende Terzsprung ist es, der in unserem Beispiel – zusammen mit den exponierten Durklängen – den Affekt der Freude bewirkt. Die

Terz ist hier gleichsam auch das Gerüstintervall der Achtelfigur, zum Beispiel (d) c (h) a, und sie ist zudem als Distanz zwischen diesen Gerüsttönen und dem Terzsprung beständig im Spiel. Diese Musik klingt gelöst, lieblich, heiter, sie stimmt das Gemüt freudig, sie strahlt eine zuversichtliche Freude, eine freudige Zuversicht aus.

Zugleich ist sie modern, vorklassisch, sinnenfreudig. Und das liegt in ihrer tänzerisch-liedhaften Periodik beschlossen. Ansatzweise ist ein Vorder- und ein Nachsatz von je vier Takten ausgebildet. In dem Vordersatz dominiert das alternativ in Sopran und Baß erklingende Terzmotiv. Die Mittelstimmen wechseln sich ab im Vortrag der Achtelfigur, wobei der Tenor das Motiv des Alts jeweils eine Oktave tiefer wiederholt: Es erklingt eine Folge von vier Achtelmotivpaaren, die je einen Takt umfassen und somit – in Verbindung mit dem Terzmotiv – die Takteinheiten als Basis des periodischen Geschehens sinnlich klarstellen. Im Nachsatz tritt das Achtelmotiv in den Vordergrund, indem hier – wiederum taktweise – je zwei Achtelmotive zu einem Oktavgang aneinandergekoppelt werden (Takt 57/58 und 60/61 im Sopran, Takt 58/59 in Alt und Baß), wobei dessen je zweite Hälfte terzenmäßig in Achteln begleitet wird. (Sinnvollerweise pausiert der Baß vor dem ihm übertragenen Themeneinsatz in Takt 61.)

Contrapunctus IV ist das Schlußstück der den Zyklus eröffnenden Gruppe von vier Fugen über das Grundthema. Er ist, wie schon Contrapunctus III, eine Fuge über die Umkehrungsform des Grundthemas, die als solche die pathopoietische Tonfolge a-b-a ins Spiel bringt und somit schon thematisch in Richtung des ›Daseins‹ weist (vgl. oben S. 50). Nicht aber der Ausdrucksbereich der Chromatik, die Aussage »ich bin«, ist hier der Inhalt der Rede, sondern im innerlich begründeten Kontrast hierzu (und in Analogie zur Rückführung des Grundthemas zum Ton d und zugleich analog zur Aussage der Schlußfuge) die freudige Zuversicht »ich werde sein« – wenn auch die engschrittige Achtelfigur b-a-gis-a, das dritte Motiv dieser Fuge (das in unserem Beispiel nicht vorkommt), und auch etwa der chromatische Quartgang (Takt 83–85) hier noch in den Bereich der Pathopoiia gehören.

Doch der Schluß dieser Fuge, der schon S. 48 als Beispiel wiedergegeben und besprochen wurde, macht deutlich, was hier gemeint sein kann: Jenes Zwischenspiel mit seinem Affekt der Freude steht in engstem inneren Zusammenhang mit diesem Schluß, in welchem die Figur der emphatisch wiederholten Diskantklausel cis-d mit dem Symbol der B-A-C-H-Tonfolge kontrapunktisch verbunden ist. Und abermals findet die Vermutung Nahrung, daß Bach bei dem zweiten Arbeitsgang, bei dem er diese Fuge in den Zyklus einführte, jene rhetorische Grundidee hat verdeutlichen wollen, die wir in diesem Werk zu erkennen glauben.

Dramatik

An manchen Stellen in Bachs Kunst der Fuge steigert sich der rhetorische und affektuose Ausdruck zu dramatischer Geste.

Aus dem Spiel der Stimmen, dem Darstellen und Abbilden, dem Reden und Beschreiben bricht innere Erregung durch, das Pathos des barocken Menschen, Bach, wie wir ihn kennen als Person aus seinen Schriftstücken, als Gesicht aus den Abbildungen, als Prediger in seinen Kantaten, als hervorbrechendes Ich in seinen Klavier- und Orgelwerken.

Hier denke ich besonders an den Schluß des Contrapunctus I, wo (ab Takt 60) der Sopran – über Klangeinwürfen der Mittelstimmen – in Varianten der thematischen Achtelfigur sich emporwindet zur Halbtonfolge es''-d''-cis'' und zur Exclamatio cis''-a'', um dann über dem Orgelpunkt A im Spiel dissonierender Anstöße stufenweise eine Oktave abzufallen und anschließend dem dominantisch emporsteigenden Baß (g-d, C-F, E-a, G-c) die Spannungsbildung zu überlassen, die in den verminderten Septakkord mündet mit dessen Rahmentönen b''-cis'' im Sopran – dann: Abruptio-Pause – Quartsextakkordschlag – Abruptio abermals – verminderter Septakkord auf gis, Quartsextakkord und Kadenzbildung zum vollen D-Dur-Akkord – als wolle Bach sagen: was im kontrapunktischen Überbindungsspiel dieser Fuge eingriffslos in sich kreist, ist nur als ob, mündet in den Ausbruch des Subjekts – wird aber sein. (Daß Bach wohl in der Absicht, den dramatischen Schluß dieser Fuge abzufangen, ihr beim zweiten Arbeitsgang eine Coda hinzufügte, wurde schon oben S. 49 erwähnt.)

Als Beispiel für das dramatische Moment in Bachs Kunst der Fuge sei hier der fünfstimmige Schluß des Contrapunctus VII wiedergegeben und angesprochen (Beispiel 46, S. 92). Im ersten Sopran erklingt in Takt 58 – als Teil des unstabilen Quartsextakkords – der Schlußton der letzten Darstellung des (in der Punktierungsform) vergrößerten Grundthemas, das diese Fuge, die letzte der drei Gegenfugen, wie ein feierlicher Cantus firmus durchzog. Im zweistimmigen Sechzehntelspiel (zweiter Sopran und Baß), das an die in diesem Contrapunctus vorherrschende thematische Achtelfigur anknüpft, wird der währende Schlußton des Themas in den verminderten Septakkord überführt, der vollstimmig erklingt wie der Akkordschlag eines Seccorezitativs. Aus ihm löst sich im ersten Sopran eine quasi rezitativische Solostimme, deren »vierzehn« Töne zweimal die Leitton-Grundton-Figur (cis''-d'')

46

umschreiben; beim zweiten Mal wird der Grundton durch wiederholte Akkordschläge abermals als Bestandteil eines Quartsextakkords definiert. Über dem wiederum rezitativartigen Gang im zweiten Sopran bildet der erste Sopran die Leitton-Grundton-Figur – nun betont – zum drittenmal, um dann bei einem vierten Ansatz in die chromatische Wendung cis″-c″ umzukippen und – indem er den rezitativischen Gang des Alts aufgreift – nach nochmals »vierzehn« Tönen und schließlich unmittelbar aus dem verminderten Septakkord heraus den hellen Durterzschluß zu bilden.

Ähnlich wie schon beim Contrapunctus I wird auch diese Fuge durch den Schluß aufs deutlichste in den Zusammenhang des Gesamtwerks gestellt: Die Cantus-firmus-Feierlichkeit in ihrer Objektivität und die dramatische Geste in ihrer Subjektivität – sie sind beide im Spiel.

Variation

In Bachs Kunst der Fuge spielt neben dem Kontrapunkt als Kompositionsverfahren und der Fuge als musterhafter Form des Kontrapunkts auch die Technik der Variation durchgängig eine wesentliche Rolle. Dabei ist Variation nicht nur als Gestaltvariation zu verstehen, bei der – wie in einem gewöhnlichen Variationswerk – das Ausgangsthema durch seine Veränderungen stets mehr oder weniger deutlich als Ganzes durchscheint, sondern auch in dem weiteren Sinne der Gestaltmetamorphose, der Überführung des Grundthemas in eine andere Erscheinung, zum Beispiel durch Reduktion oder durch Kombination seiner Normal- und Umkehrungsform, durch Ableitung aus Themenpartikeln oder auch durch Einschaltung von Zwischenstufen (zum Beispiel eines Kontrasubjekts). Das thematische Denken ist in diesem Fugenzyklus notwendig zugleich ein auf Variation gerichtetes Denken, und zu vermuten ist, daß Bach – um in diesem Werk bei immer neuer Aussage die Monothematik durchzuführen (die Einheit in der Mannigfaltigkeit, genauer hier: die Idee, daß alles aus einem hervorgeht und zu ihm zurückkehrt) – auch zwischen den gegensätzlichen und unverbunden erscheinenden thematischen Gebilden einen wenn auch ästhetisch verborgenen, so doch analytisch greifbaren Zusammenhang hergestellt hat.

Zugleich ist davon auszugehen, daß Bach nicht nur den Begriff des Themas, sondern auch den der Themenvariation hier in jenem musikalisch-rhetorischen Sinn verstanden und verwirklicht hat, der auf allen anderen Ebenen dieses Werkes greifbar ist. Die Kunst der Fuge ist eine Musik über ein einziges Thema auch in der Weise, daß dessen Veränderung und seine Überführung in eine andere Gestalt nicht nur ein musikalisches, sondern zugleich ein rednerisches Ereignis sind, eine bewußte Veränderung seiner Aussage, seines analogischen Bezugs, seines abbildlichen Bedeutens, die Gewinnung eines in dem Thema gelegenen, aus ihm ableitbaren neuen Standpunkts, eines – auf unsere Formel gebracht – neuen Aspekts in Richtung des Verhältnisses zwischen ›Dasein‹ und ›Sein‹.

Die Veränderungen des Grundthemas geschehen in der Kunst der Fuge auf verschiedenen Ebenen. Die Varianten, die im Prinzip der Fugenform beschlossen liegen: die Comesform sowie die Umkehrungen von Dux und Comes, wurden im Blick auf ihre Gestalt und Aussage schon im Abschnitt über die thematischen Ausdrucksbereiche (oben S. 50f.) besprochen. Auch alle Gestaltvariationen und -metamorphosen des Grundthemas erscheinen zumeist in diesen formabhängigen Varianten, wobei aus tonalen und modulatorischen Gründen auch sie verändert werden können. Dies braucht hier nicht weiter verfolgt zu werden. Auch auf die spezifisch kontrapunktischen Varianten sei hier nur hingewiesen: neben der Umkehrung oder Spiegelung die Verkleinerung und Vergrößerung des Themas, wie sie in der Gruppe der Gegenfugen durchgeführt werden.

Die Variation im engeren und begriffsgewohnten Sinn, die Gestaltvariation, die das Thema durch kompositorische Eingriffe verändert, jedoch in den Umrissen seiner Gestalt bestehen läßt, arbeitet mit den Mitteln der Ummensurierung und rhythmischen Veränderung, des Verbindens und Umspielens von Tönen, des Einfügens von Tönen und neuen Wendungen, wobei thematische Töne zu Nebentönen verändert oder auch durch Nachbartöne ersetzt werden können.

Indem wir die in diesem Fugenwerk waltende Kunst der Gestaltvariation durch Beispiele veranschaulichen, stellen wir uns zugleich die Aufgabe, die musikalische Beschreibung der Themenvariationen jeweils mit einer Interpretation ihres rhetorischen Bedeutens zu verbinden und überdies darauf hinzuweisen, daß – gemäß der Idee des Hervorgehens des einen aus dem anderen – die neue Variationsgestalt nicht plötzlich auftritt, sondern im vorhergehenden Verlauf des Werkes gleichsam angekündigt, musikalisch vorbereitet, zuweilen sogar stufenweise entwickelt worden ist, bevor sie in den Rang eines Fugenthemas überführt wird. Und sogar bei diesem Entwicklungsprozeß kann ein rednerisches Moment im Spiele sein.

Im Contrapunctus II besteht die Veränderung des Grundthemas in der Punktierung der ohnehin labilen Achtelfigur, des ›Bewegungsimpulses‹, der das Thema beschließt:

47

Aus diesem variierenden Eingriff – der in der Viertelpunktierung des Contrapunctus I ansatzweise vorbereitet ist – entsteht die Kompositionsidee dieses Contrapunctus: die beständige Punktierung des durchgehenden Achtelflusses. Sie verleiht dieser Fuge ein Moment des Energischen, Angestrengten, Willensmäßigen. Und dies wird noch verstärkt durch die Phrasierung, die – außer bei den Tonwiederholungen – die auftaktige Schlußfigur des Themas zu einem volltaktigen Motiv verändert, was bei der Ausführung eine besondere Aufmerksamkeit und Willensanstrengung erfordert. Damit steht diese Fuge – wie schon S. 70 angedeutet wurde – in jenem Gegensatz zu dem kontrapunktischen Überbindungs- und Anstoßspiel der ersten Fuge, den wir auf die Ausdrucksformel »es ist« und »ich will« gebracht hatten.

Die erste Gestaltvariation des Grundthemas eröffnet in Contrapunctus V die Gruppe der drei Gegenfugen. Und diese Themengestalt liegt in der Normal- und Umkehrungsform sowie in diminuierten und augmentierten Notenwerten der ganzen Gruppe zugrunde. (Nochmals begegnet sie in Contrapunctus X.) Ihr Charakteristikum ist die Viertelpunktierung dreier Töne

48

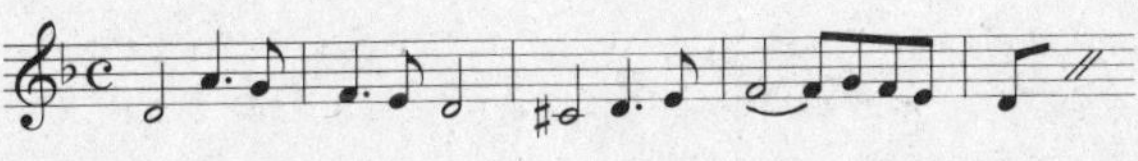

in Verbindung mit der Einfügung von zwei Durchgangstönen. Im Blick auf die Punktierung und somit zugleich auf den »Ich will«-Gestus besteht eine Korrespondenz zwischen dieser zweiten Gruppe des Gesamtzyklus und der zweiten Fuge der ersten Gruppe. Die Beziehung auf das »Ich« wird schon dadurch bestätigt, daß die Fuge mit der Umkehrungsform des Themas beginnt, das auf Grund der Toneinfügungen vielleicht nicht zufällig »vierzehn« Töne umfaßt. Intensiviert wird dieser Ausdrucksbereich in der mittleren Fuge dieser Gruppe, dem Contrapunctus VI, der durch die zusätzliche Punktierung der thematischen Achtelfigur und deren gegenstimmliche Beibehaltung einen direkten Bezug zu Contrapunctus II herstellt, zudem gleich zu Beginn die B-A-C-H-Sphäre exponiert (siehe oben S. 47, Beispiel 18) und den Punktierungsgestus durch die Zweiunddreißigstelfigurik »in Stylo Francese« verschärft. – Die stufenweise Vorbereitung des punktierten Grundthemas im Rahmen des chromatischen Contrapunctus III wurde schon oben S. 75 aufgezeigt.

Die Gestaltvariation des Grundthemas, die den beiden Rahmenstücken der dritten Gruppe (der vier Fugen über mehrere Themen, Contrapunctus VIII bis XI) zugrunde liegt, wurde schon oben S. 81 angesprochen. Sie übernimmt aus der vorherigen Gruppe die »vierzehn« Töne der Punktierungsform des Themas und hat zu ihrer Eigenart die »Seufzer«-Figur, die Durchsetzung der Achtelfolge mit Pausen:

49

Ganz offensichtlich ist auch diese Suspiratio-Variation des Grundthemas rhetorisch motiviert: Sie gehört in ihrem Besagen durchaus der chromatischen Sphäre jener beiden Fugen zu, die sie innerlich begründet und aus der sie resultiert. Dies gibt Bach in Contrapunctus XI aufs deutlichste zu verstehen, indem er in Takt 155ff. die Suspiratio-Figur mit dem vorhaltartigen Seufzer und beide mit dem Passus duriusculus kombiniert:

50

Um die beiden Gestaltvariationen in der ersten der beiden Spiegelfugen (Contrapunctus XII) in ihrer rhetorischen Motivation zu verstehen, kann davon ausgegangen werden, daß die gänzliche Spiegelung eines kontrapunktischen Satzes innerhalb dieses Zyklus den Begriff der »Gnade« im christlichen Sinne umschreibt (vgl. schon oben S. 33). Alle Merkmale des ersten Themas weisen in diese Richtung. In seiner zuerst in der Rectusform

51

und in der Fundamentstimme erscheinenden Gestalt, deren variatives Moment lediglich in der Ummensurierung des Grundthemas besteht, bildet es den größten Gegensatz zu der extremen Ausprägung der chromatischen Sphäre der vorhergegangenen Fuge: Es dokumentiert den »Umschlag« (oben S. 86). Die dreizeitige Mensurierung, das Tempus perfectum, das in dem Gesamtzyklus nur hier erscheint, symbolisiert – dies darf hier als gewiß gelten – in der Zahl drei die Vollkommenheit der göttlichen Trinität. In seinem schwingenden Rhythmus und seiner zweiteiligen Gliederung, die dem Ton cis alle Gewichtigkeit nimmt, atmet das Thema ruhig ein und aus.

Eine zweite Gestaltvariation des Grundthemas liegt der zweiten Durchführung dieser Spiegelfuge zugrunde. Verbindungslauf, Zwischentöne und Tonumspielungen weisen voraus auf

52

die Kolorierungsvariationen der Kanons. Im Mittelpunkt dieser Themengestalt steht – sehr betont – die verzierte Diskantklausel, die beim Inversusvortrag der Fuge – ebenso betont – als A-B-A-Tonfolge erklingt: Das B-A-C-H-CIS-D-Thema der Schlußfuge ist angedeutet, um schon hier in die Spiegelung hineingenommen zu werden.

Die zweite, dreistimmige Spiegelfuge ist der heiterste, der freudigste Contrapunctus des ganzen Zyklus. Vielleicht kann man sagen, daß in ihr das Subjekt auf die Botschaft der ersten Spiegelfuge antwortet – schon vom Thema her. Mit ihrem Oktavsprung erinnert diese Gestaltvariation an das »neue« Thema,

53

das den Contrapunctus IX eröffnete. Lebhaft-freudig, tänzerisch wie eine Gigue, klingt die Triolenbewegung, die bei dem Themeneinschub in Takt 4 (┌──┐) in den punktierten Rhythmus übergeht; als Triolenrhythmus ist der Punktierung das willensmäßige Moment genommen, das in den Kontrapunkten II, V bis VII und X ihm eignete. Die im Akkord springende, freudige Bewegung des Themeneinschubs wird in dieser Fuge zum dominierenden Motiv der kontrapunktischen Stimmen. – Indem wir diese Fuge als Reaktion des Subjekts auf die vorhergehende strenge Spiegelfuge interpretieren, ist zugleich eine Erklärung dafür angeboten, daß sie jener Fuge nachfolgt, dabei mit der Umkehrungsform des Themas beginnt, die Spiegelung selbst nicht streng durchführt und unter Zufügung einer nicht gespiegelten Stimme als vierstimmige Alternativfassung (hierzu später S. 109f.) für zwei Klaviere bearbeitet werden konnte.

*

In den vier Kanons ist die Kunst der Gestaltvariation des Grundthemas am stärksten ausgeprägt. Zusammen mit der Virtuosität des zweistimmigen Spiels kompensiert die Themenvariation hier dasjenige, was den Kanons, den »gebundenen Fugen« (Fugae ligatae, oben S. 57), gegenüber den »freien Fugen« (Fugae liberae) fehlt: die Vier- bzw. Dreistimmigkeit und den Wechsel zwischen den Themendurchführungen und den Zwischenspielen – wenngleich die formale Eigenart dieser Kanons darin besteht, daß sie den Fugen angenähert sind: Ihre Proposta, das heißt der einstimmige Anfang bis zum Eintritt der Imitationsstimme, ist jedesmal identisch mit dem Vortrag der Gestaltvariation des Grundthemas, die nach Art von Durchführungen in Dux- und Comesform, in Normal- und Umkehrungsgestalt, zudem auch in Variationsvarianten wiederkehrt.

Im folgenden werden wir uns darauf beschränken, nur die vier Gestaltvariationen aufzuzeigen, mit denen die Kanons beginnen. Dabei stehen wir vor der bis heute nicht mit Sicherheit beantworteten Frage, an welcher Stelle und in welcher Reihenfolge Bach die Kanons dem Werk eingefügt haben würde, wenn er dessen Drucklegung bis zum Schluß hätte selbst regeln können. Am sinnvollsten in jeder Hinsicht erscheint es mir, die Kanons als Gruppe anzusehen und dieser Gruppe die Funktion einer Paenultima zuzuschreiben, das heißt eines »vorletzten Orts«, der als solcher seit jeher und in den unterschiedlichsten Kompositionsformen besonders ausgestaltet, ausgeschmückt, hervorgehoben werden konnte, um den Schluß desto gewichtiger und wirkungsvoller hervortreten zu lassen. Und was die Anordnung betrifft, so liegt es nahe, von dem kontrapunktischen Schwierigkeitsgrad auszugehen, der durch das Einsatzintervall zwischen der beginnenden und der nachfolgenden Stimme gegeben ist, wobei sich als Reihenfolge ergibt: Oktavkanon, Duodezimen-(Quint-)kanon, Dezimen-(Terz-)kanon, Unterquartkanon mit augmentierter Gegenbewegung. Diese Entscheidung über die Plazierung der Gruppe und die Reihenfolge der Stücke entspricht dem derzeitigen Stand der quellenkundlichen Diskussion und kommt zugleich dem folgenden Versuch entgegen, auch diese vier Gestaltvariationen des Grundthemas, die jeweils den Charakter des Kanons prägen, den sie eröffnen, in ihrer Aussage zu interpretieren.

Vielleicht kann gesagt werden, daß die Kanons in ihrer lebensvollen Beweglichkeit nochmals das »Ich« ins Spiel bringen und dabei – nach Art von Charakterminiaturen – von der unbeschwert heiteren Sphäre in Richtung der Gnadenbedürftigkeit des Daseins sich bewegen, um als Paenultima-Einschub auch ihrerseits die Aussage der Schlußfuge nochmals zu motivieren.

54 Canon alla Ottava

Die Gestaltvariation des Oktavkanons knüpft – mit der Umkehrungsform beginnend – in ihrer lebhaften, giguenartigen Bewegung an die vorhergehende dreistimmige Spiegelfuge an. Der unbeschwert spielerische Ton wird durchgängig beibehalten und seitens der im Akkord springenden Gegenstimme noch verstärkt.

55 Canon alla Duodecima in Contrapunto alla Quinta (Zirkelkanon)

Vom spielerisch Heiteren wendet sich der Quintkanon miniaturhaft ins Dramatische, bringt das Ich als handelndes ins Spiel. Die Themenvariation greift in der Sextolenbewegung den Duktus des Oktavkanons auf, bremst ihn in Takt 2 und 3 ab, faßt in Takt 4 Fuß und macht den verminderten Septsprung zu seinem Ereignis; dessen dominantische Geste hat nach einem Anlauf zum Grundton eine forsche Sequenz aufwärts zur Folge, die ihrerseits durch eine mit dem gleichen Motiv und ebenso forsch gebildete, zielstrebig zum Schlußton führende Abwärtssequenz beantwortet wird.

56 Canon alla Decima [in] Contrapunto alla Terza

Die wiederum zuerst in der Umkehrungsform erscheinende Themenvariation des Terzkanons synkopiert das Grundthema gründlich und projiziert die Synkopierung auch in das kontrapunktische Laufwerk, das durch auffällige chromatische Quartgänge in Viertelnoten unterbrochen wird.

57 Canon in Hypodiatessaron al roverscio e per augmenrationem, perpetuus

Der abschließende Kanon greift die zuvor angedeutete Richtung auf und intensiviert sie sehr. Die exklamatorische und pathopoietische Eröffnungsfigur d′-b′-a′ und die pathopoietische Wendung d′-es′-d′ der Gestaltvariation des Grundthemas signalisieren eine Ausdruckssphäre, die mit ihren chromatischen Gängen, Synkopen, Seufzerfiguren, pathopoietischen Wendungen, engschrittigen Motiven und falschen Intervallen noch einmal die Aussage des chromatischen Contrapunctus XI beschwört, bevor – wie dort durch die Spiegelfuge – nun hier durch den Beginn der Schlußfuge der Umschwung erfolgt. Vergleicht man im Blick auf diese Aussage die endgültige Version dieses Kanons mit der früheren Fassung, so kann der Grund für Bachs Umarbeitung dieses nun als Schlußstück der Paenultima-Gruppe fungierenden Kanons einsichtig werden.

*

Die Frage der »neuen« Themen wurde (S. 93) hypothetisch schon dahin gehend beantwortet, daß es in der Kunst der Fuge keine neuen Themen gibt, sondern – entsprechend der Idee der Monothematik – nur Überführungen des Grundthemas in eine andere Gestalt: Gestaltmetamorphosen. An den drei »neuen« Themen der Schlußfuge wurden drei Überführungsarten bereits aufgezeigt und in ihrer rhetorischen Motivation interpretiert. Die Verwandlung durch Reduktion zeigt das halbtonlose erste Thema (oben S. 19), die Ableitung aus einem Themenpartikel, dem Bewegungsimpuls, das zweite, das »Laufthema« (oben S. 25) und die Kombination von Substanzen der Umkehrungs- und Normalform ds B-A-C-H-CIS-D-Thema (oben S. 17).

Nachzutragen ist hier, daß das allererste »neue« Thema, jenes lebensvolle Gang-Sprung-Thema, das den Contrapunctus VIII eröffnet und in dem chromatischen Contrapunctus XI als zweites Thema erscheint und das wir in seinem chromatisch durchsetzten Quintgang oben S. 82 aus dem Kontrasubjekt des Contrapunctus III ableiteten, in seinem Sprungmotiv ebenfalls mit dem Grundthema verbunden ist, und zwar mit dessen Suspiratio-Variation (Beispiel 58a und b). Und damit ist zugleich das »neue« Thema des Contrapunctus X, das die Motivspiegelung in das Thema hineinnimmt und das wir späterhin das Pausen-/Spiegelungs-Thema nennen werden (Beispiel 58c), auf das Grundthema bezogen.

58

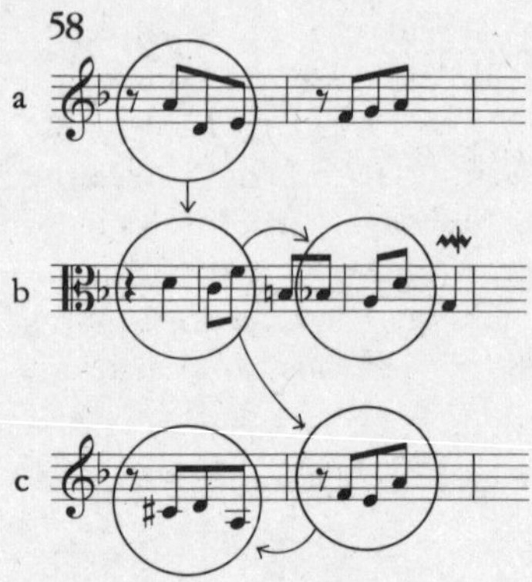

Die Beziehung zwischen den eingekreisten Motiven in Beispiel 58a und b, also zwischen der Suspiratio-Figur des Grundthemas und der Sprungfigur des lebensvollen Gang-Sprung-Themas, hat Bach an einer Stelle des Contrapunctus VIII (Takt 80ff.) deutlich gemacht:

59

Hier geht in Takt 80/81 die Suspiratio-Figur dem Gang-Sprung-Thema voraus, und zugleich kontrapunktiert sie den Scheineinsatz dieses Themas im Alt.

Von allen »neuen« Themen der Kunst der Fuge bleibt nun nur noch das Eröffnungsthema des Contrapunctus IX hier anzuführen. Ich nenne es das »freudige Oktavsprungthema«. Es prägt den unbeschwerten, ruhigen und klaren Charakter dieser Fuge, die als zweite der Fugen mit mehreren Themen ihren Platz hat vor der stummen Symmetrieachse des Zyklus (hierzu später S. 112): Als Schluß des ersten Symmetrieteils weist sie in ihrer Art auf den Schluß des Gesamtwerks voraus. Das Thema ist als Kontrasubjekt der unveränderten Form des Grundthemas erfunden, die hier – nach dem Contrapunctus I – erstmals wiedererscheint (vgl. die Themenverbindungen des zweiten Teils dieser Fuge, ab Takt 18). Es kann aber auch als Gestaltmetamorphose des Grundthemas selbst verstanden werden, indem hier – im Prinzip vergleichbar dem B-A-C-H-CIS-D-Thema der Schlußfuge – dessen Normal- ( ) und Umkehrungsform ( ) ineinander kombiniert sind.

60

Mit dieser (zugegeben nicht sicher gedeuteten) Themenableitung berühren wir die Fülle von Varianten, Gestaltvariationen und -metamorphosen des Grundthemas, von denen die themenfreien Stimmen des Gesamtwerks durchwoben sind. Es mag dem Leser selbst überlassen bleiben, sie zu entdecken. Auf Grund der elementaren Gestalt des Grundthemas wird dabei nicht immer zu entscheiden sein, ob die Beziehungen zwischen ihm und den kontrapunktischen Stimmen bewußt hergestellt oder zufällig sind.

Zyklus

Um Bachs Kunst der Fuge als Zyklus ansprechen und beurteilen zu können, muß die Reihenfolge der Stücke klargestellt sein. Aber gerade dies ist die Frage, die – auf der philologischen Ebene – bisher stets am heftigsten diskutiert, am meisten umstritten war. Es ist nicht meine Absicht, die Gesamtproblematik des Überlieferungsbefundes hier vorzuzeigen und die quellenkundliche Diskussion im einzelnen nachzuvollziehen. Denn auch bei der Frage nach der Anordnung der Fugen und Kanons kommt es mir darauf an, sie – den derzeitigen Stand der Quellenforschung einbeziehend – unter dem Blickwinkel der Aussage, der gehaltlichen Intention des Werkes zu bedenken, wobei sich von selbst eine Art Zusammenfassung der bisherigen Ausführungen meiner Schrift ergibt. Unumgänglich bleibt es aber auch hier, die beiden dokumentierten Entstehungsstufen dieses Werkes vor Augen zu führen.

Die erste Entstehungsstufe ist als Autograph in der Handschrift Mus. ms. Bach P 200 der Deutschen Staatsbibliothek Berlin überliefert. Dieses Berliner Autograph ist eine Reinschrift in Partiturnotation; die Stücke sind – dicht hintereinander plaziert – in römischen Ziffern von I bis XV durchnumeriert; die Fugen sind weder als Fuga noch als Contrapunctus betitelt, nur die beiden Canons sind als solche bezeichnet. Auf Grund einer Untersuchung des Handschrift- und Papierbefundes gelangte Christoph Wolff (1981) zu der Vermutung, daß Bach schon Anfang der vierziger Jahre einen beträchtlichen Teil (»mindestens zwei Drittel«) dieser Reinschrift getätigt und daß er somit nicht erst in den späten vierziger, sondern schon am Ende der dreißiger Jahre mit der Komposition dieses Werkes begonnen hat.

Das Berliner Autograph zeigt folgenden Inhalt*:

I	Einfache Fuge	4st.	N	(Überbindung)	
II	Einfache Fuge	4st.	U	(Chromatik)	
III	Einfache Fuge	4st.	N	(Punktierung)	A-Dur-Schluß
IV	Gegenfuge	4st.	U+N, beide punktiert		1 Wertgröße
V	Doppelfuge	4st.	Oktavsprungthema + N		
VI	Doppelfuge	4st.	U punktiert + Pausen-/Spiegelungs-Thema		
VII	Gegenfuge	4st.	N+U, beide punktiert		2 Wertgrößen
VIII	Gegenfuge	4st.	N+U, beide punktiert		3 Wertgrößen

IX Canon in Hypodiapason 2st.; notiert: 1st., dann Resolutio canonis

X Doppelfuge mit 1 Kontrasubjekt (»Tripelfuge«) 3st.
Gang-Sprung-Thema + U, Pausenform + engschrittiges Kontrasubjekt

XI Doppelfuge mit 2 Kontrasubjekten (»Tripel-/Quadrupelfuge«) 4st.
N/U, Pausenform + Gang-Sprung-Thema + chromatisches Kontrasubjekt + engschrittiges Kontrasubjekt

XII Augmentationskanon 2st.; notiert: 2st., dann 1st. (Canon in Hypodiatessaron al roverscio e per augmentationem, perpetuus)

XIII Spiegelfuge 4st. N, 3/4-Takt rectus-Notierung [N]
darunter: inversus-Notierung [U]

XIV Spiegelfuge 3st. Sechzehnteltriolen rectus-Notierung [U]
darunter: inversus-Notierung [N]

XV Canon al roverscio et per augmentationem 2st. (nur so notiert)
= Bearbeitung von Nr. XII (genauer: mit gleicher Proposta wie Nr. XII)

*N = Normalform, U = Umkehrungsform der Grundgestalt des Themas

Die Frage, was diese Reinschrift für Bach bedeutete: ob sie ihm – um zunächst die beiden Extreme zu nennen – bloß als eine vorläufige, noch mehr oder weniger willkürliche Zusammenstellung von Fugen und Kanons über das Grundthema gegolten hat und ob ihn schon hier die Vorstellung einer Endfassung leitete, die dann einer neuen Zielvorstellung weichen mußte, diese Frage wird wohl nie mit Sicherheit zu beantworten sein.

Die partiturmäßige Reinschrift spricht für die Vorstellung von etwas Gültigem. Und eine Reihe von Erscheinungen weist in die gleiche Richtung.

1. Der Aufbau ist systematisch progressiv: einfache Fugen, Gegen- und Doppelfugen, Doppelfugen mit Kontrasubjekten, Spiegelfugen; und dies bedeutet zugleich eine Progression der Kontrapunkttechniken, nämlich I–III: einfacher Kontrapunkt; IV–IX: doppelter Kontrapunkt mit verschiedenen Versetzungsintervallen und unter Einbeziehung von Diminution und Augmentation; X und XI: dreifacher Kontrapunkt; XIII und XIV: Spiegelung im einfachen und im doppelten Kontrapunkt.

2. Die Fugenarten sind in Gruppen zusammengestellt. Und die Gruppen sind zum Teil in sich axialsymmetrisch angeordnet. Bei den drei einfachen Fugen wird die Fuge über die Umkehrungsform des Grundthemas von zwei Fugen über dessen Normalform eingerahmt, wobei Nr. III sich dominantisch zur nächsten Gruppe hin öffnet. Dann umrahmen zwei Gegenfugen die beiden Doppelfugen V und VI, bei denen – vielleicht die Umkehr anzeigend – die Normal- und die Umkehrungsform des Grundthemas sich gegenüberstehen.

3. Die Gegenfuge mit drei Wertgrößen, Nr. VIII, wäre somit isoliert und könnte als axiale Mitte der Gesamtordnung angesehen werden.

4. Schwerer fällt der Gruppierungsversuch der Stücke IX bis XV. Möglicherweise sollen die Kanons IX und XII die beiden »Tripelfugen« X und XI umrahmen, so daß diese vier Stücke einen Gegenpart zur Gruppe der Gegen- und Doppelfugen IV bis VII bilden. Die beiden Spiegelfugen hätten in den drei einfachen Fugen einen solchen Gegenpart allerdings nicht. – Vielleicht aber sollten die Kanons IX und XII nur als Gliederungspunkte dienen, womit freilich die Gegenfuge VIII die axiale Mittelposition verlöre.

5. Der Kanon XV wurde bisher fast immer als eine Bearbeitung des Kanons XII angesehen, die schon im Gedanken an die neue Zielvorstellung erfolgt sei. Da Nr. XV jedoch nur die Proposta mit Nr. XII gemeinsam hat, könnte es sich bei Nr. XV auch um eine vollgültige Gegenposition zu Nr. XII handeln. Der Augmentationskanon XII hätte dann zunächst Gliederungsfunktion,

würde aber durch den Augmentationskanon XV nachträglich zugleich als Rahmenteil für die Spiegelfugen definiert.

Man sieht: vieles bleibt Spekulation und unentscheidbar. Und vor allem eine axialsymmetrische Interpretation des Gesamtaufbaus stößt auf Fragezeichen (obwohl eine symmetrische Absicht innerhalb der ersten und zweiten Gruppe erkennbar ist): Der Gegenfuge VIII fehlt als Achse der eigenständige Charakter, und die Kanons sind als Rahmenstücke der »Tripel«- und der Spiegelfugen zuwenig gewichtig, während sie, als Gliederungspunkte aufgefaßt, einer axialsymmetrischen Interpretation vollends entgegenwirken würden.

Ein gehaltlicher Kursus, ein Gang der Aussage, ließe sich auf der Basis des rhetorischen Charakters jeder der Fugen auch hier ausfindig machen. Er würde einmünden in die kontrastierende Gegenüberstellung der Begriffsfelder »Sünde« und »Gnade«, die in den chromatischen »Tripelfugen« X und XI und in den beiden Spiegelfugen XIII und XIV aufs deutlichste umschrieben werden. Aber die zweite Spiegelfuge könnte in ihrer tänzerischen Dreistimmigkeit (vgl. oben S. 98) nur bedingt als Beschluß des Ganzen fungieren, und vollends wäre der Augmentationskanon Nr. XV in seinem pathopoietisch-chromatischen Charakter (vgl. oben S. 101) unmöglich als Schlußstück anzusehen.

Man darf wohl sagen, daß das Berliner Autograph der Kunst der Fuge eine Vorläufigkeit darstellt, bei der gewisse Erscheinungen in die Richtung der endgültigen Werkgestalt weisen, hier jedoch nur erst als Tendenzen ausgebildet sind, so insbesondere die Gruppenbildung, ferner das Zusammenwirken von symmetrischer Progression und axialer Symmetrie und zudem auch eine gehaltliche, eine rhetorische Idee. Möglicherweise hat Bach diese Reinschrift gefertigt, um nach einem ersten Arbeitsgang (und vielleicht vor einer von außen her bedingten Unterbrechung) zunächst einmal eine Bestandsaufnahme zu machen, die gewissen Zielvorstellungen bereits ansatzweise Rechnung trägt, jedoch von ihm selbst noch nicht als Endgültigkeit angesehen wurde.

Wichtig (wenn auch nicht zu beantworten) ist die Frage, zu welchem Zeitpunkt Bach den Gedanken faßte, das Werk durch eine Quadrupelfuge zu beschließen, dessen letztes »neues«

Thema das B-A-C-H-CIS-D-Thema sein sollte. Möglich ist, daß Bach dieser Gedanke erst *nach* dem Zeitpunkt der Fertigung des Berliner Autographs gekommen ist. Dann könnte in bezug auf die Tonart d-Moll, die Erfindung des Grundthemas, die B-A-C-H-Sphären und -Tonfolgen nicht von einer Vorausplanung in Richtung des B-A-C-H-Themas gesprochen werden, sondern nur von einem mehr oder weniger zufällig sich herauskristallisierenden Angebot (einem »d-Moll-Angebot«), das jener Idee entgegenkam und von ihr aufgegriffen wurde.

Ich kann mir nicht vorstellen, daß Bach den Gedanken an eine das Werk krönende Schlußfuge nicht von vornherein mit sich herumgetragen hat, und naheliegend erscheint es mir, daß seine Vorstellungen sich hierbei ebenfalls von Anfang an in Richtung von Quadrupelfuge, Wiederkehr des Grundthemas, B-A-C-H-Thema und nochmaligem Aufgreifen der Spiegelung bewegte. So wie in der Vorläufigkeit des Berliner Autographs die Formungsideen der Gruppenbildung, der kompositionstechnischen Progression und der Axialsymmetrie bereits angelegt sind, um dann in der Endfassung die Form des Gesamtwerks durch und durch zu bestimmen, so auch kann die gehaltliche Idee, die rhetorische Aussage über das Verhältnis von ›Sein‹ und ›Dasein‹, die in dem B-A-C-H-Thema kulminiert, schon bei dem ersten Arbeitsstadium präsent gewesen sein, um dann bei dem zweiten Arbeitsgang, bei dem vor allem die Schlußfuge konkrete Gestalt annahm, ebenfalls nur noch deutlicher ausgearbeitet und unterstrichen worden zu sein. Zwischen dem Vorläufigen und dem Endgültigen bestände somit nicht nur auf der Ebene der Form, sondern auch auf der der Aussage ein Verhältnis wie zwischen einem Ansatz und einer Verdeutlichung.

*

Wenn nun auf der Basis eines Vergleichs mit dem Berliner Autograph die endgültige Fassung der Kunst der Fuge in ihrem Aufbau interpretiert werden soll, so müssen zunächst die nach Bachs Tod in die Druckfassung eingedrungenen Irrtümer berichtigt werden.

Besonders durch die Arbeit von Wolfgang Wiemer (1977) kann es als gesichert gelten, daß – nachdem mit dem Stich des Werkes etwa im Jahre 1748 begonnen worden war – zum Zeitpunkt von Bachs Tod die Reihenfolge der Kontrapunkte I – XIII festlag. Sie also ist als authentisch anzusehen. Allerdings wurden dann in der Druckfassung die Rectus- und die Inversus-Form der beiden Spiegelfugen vertauscht.

Auf die Spiegelfugen folgt in der Druckausgabe die Doppelfuge VI des Berliner Autographs (U punktiert + Pausen- / Spiegelungs-Thema): Man hatte nicht beachtet, daß diese Fuge mit einem von Bach für den Druck hinzukomponierten Anfang (einem »Portal« von elf Takten) bereits als Nr. X in den Druck aufgenommen worden war. Dieser Irrtum schlägt – man muß dies so hart ausdrücken – sowohl der Gruppen- als auch der Progressions- und Symmetrieidee des Werkes voll ins Gesicht – zu schweigen von der rhetorischen Idee. Er zeigt, daß schon Bachs Sohn Carl Philipp Emanuel und dessen Berliner Kollege, der Bach-Schüler Johann Friedrich Agricola – und sie wohl müssen für diesen Fehler hauptverantwortlich gemacht werden –, Bachs Intentionen nicht mehr verstanden haben.

Die Reihenfolge der sich im Druck hieran anschließenden Kanons (Augmentations-, Oktav-, Terz-, Quintkanon) ist bestimmt nicht in Bachs Sinn. Unsere Entscheidung entspricht dem quellenkundlichen Ergebnis der Arbeit von Wiemer, das jedoch noch immer als nicht ganz gesichert angesehen werden muß (zur gehaltlichen Begründung der Entscheidung vgl. oben S. 99 ff.).

Im Druck ist zwischen den Kanons und der Schlußfuge die vierstimmige, für zwei Cembali bestimmte Bearbeitung der dreistimmigen Spiegelfuge eingeschoben. Hier folgen wir der Argumentation von Werner Breig (1982), die glaubhaft macht, daß die Demonstration der kontrapunktischen Aufgabenstellung bei dieser Spiegelfuge das Primat gewann gegenüber der Rücksicht auf die (sonst fast überall beachtete) Spielbarkeit auf einem (Pedal-)Clavier; um aber auch diese Fuge clavieristisch spielbar zu machen, nahm Bach (unter Hinzufügung einer freien, nicht gespiegelten Stimme) jene Einrichtung für zwei Cembali vor, die demnach als Alternativfassung gemeint ist und als gleichsam in

Klammern zu setzender Einschub oder als Anhang zu gelten hat. Diese Interpretation des Befundes würde – sofern sie richtig ist – zugleich bestätigen, daß bei diesem Werk nicht dem Aspekt der instrumentalen Reproduktion, sondern dem der Demonstration des Kontrapunkts nach Bachs Vorstellung das Primat gebührt.

Der im Druck dem Werk beigefügte Choral ist zu eliminieren (oben S. 34ff.).

Somit ist der Aufbau der Kunst der Fuge sehr wahrscheinlich so festzusetzen, wie es die nebenstehende Aufstellung zeigt.

Bachs Umstellungen und Ergänzungen in der Fassung des Erstdrucks gegenüber dem Berliner Autograph sind in ihrer Motivation fast vollständig durchschaubar.

Die Kontrapunkte sind nun durchweg nach Fugenarten in Gruppen zusammengeordnet, die in ihrer Aufeinanderfolge und zumeist auch jeweils in sich kompositionstechnisch stufenweise fortschreiten. In dieser Progression sind die Kanons – um zwei Stücke vermehrt und ebenfalls in sich fortschreitend – als Paenultimagruppe plaziert.

Die Gruppe der einfachen Fugen wurde um einen Contrapunctus erweitert (Nr. IV), so daß sie einen symmetrischen Gegenpart zur abschließenden Quadrupelfuge bildet. Maßgebend für die Reihenfolge innerhalb der ersten Gruppe ist das Fortschreiten von der Normal- zur Umkehrungsform des Grundthemas (N-N-U-U). Alle Schlüsse der drei schon im Berliner Autograph überlieferten Fugen wurden verändert: Nr. I erhielt eine Coda von vier Takten (eine nochmalige Darstellung des Grundthemas im Tenor), wohl um die dramatische Schlußsteigerung dieser Fuge abzufangen; Nr. II wurde ebenfalls mit einer Coda versehen, einer sechs Takte umfassenden Themendarstellung im Sopran, die den ehemaligen Dominantschluß – entsprechend allen anderen Fugen – zum Grundklang zurückführt; analog wurde in Nr. III durch einen Anhang von zwei Takten der offene Terzschluß der Erstfassung in den Grundtonschluß verändert.

Die Gruppe der Gegenfugen kombiniert die Normal- und die Umkehrungsform des Grundthemas, die in den einfachen Fugen sukzessiv erschienen, zur Gleichzeitigkeit des Erklingens und

I (1)	Einfache Fuge	4st.	N	(Überbindung)
II (3)	Einfache Fuge	4st.	N	(Punktierung)
III (2)	Einfache Fuge	4st.	U	(Chromatik)
IV (-)	Einfache Fuge	4st.	U	(Terzsprung)

V (4)	Gegenfuge	4st.	U+N, beide punktiert	1 Wertgröße
VI (7)	Gegenfuge	4st.	N+U, beide punktiert	2 Wertgrößen
VII (8)	Gegenfuge	4st.	N+U, beide punktiert	3 Wertgrößen

VIII (10) Doppelfuge mit 1 Kontrasubjekt (»Tripelfuge«) 3st.
Gang-Sprung-Thema + U, Pausenform + engschrittiges Kontrasubjekt

IX (5) Doppelfuge 4st. Oktavsprungthema + N

X [6] Doppelfuge 4st. Pausen-/Spiegelungs-Thema + U, punktiert

XI (11) Doppelfuge mit 2 Kontrasubjekten (»Tripel-/Quadrupelfuge«)
4st. N/U, Pausenform + Gang-Sprung-Thema + chromatisches Kontrasubjekt + engschrittiges Kontrasubjekt

XII (13)	Spiegelfuge	4st.	N, 3/4-Takt	rectus-Notierung	N
				inversus-Notierung	U
XIII (14)	Spiegelfuge	3st.	Sechzehnteltriolen	rectus-Notierung	U
				inversus-Notierung	N

Kanons: Canon alla Ottava (9)
Canon alla Duodecima in Contrapunto alla Quinta
Canon alla Decima [in] Contrapunto alla terza
Canon per Augmentationem in Contrario Motu (15)

XIV (-) Quadrupelfuge Fragment 4st. Reduktionsthema + Laufthema + B-A-C-H-Thema + Grundthema

Anhang: Bearbeitung der 3st. Spiegelfuge für zwei Cembali 4st.
(Alternativfassung zu Nr. XIII)

(Die eingeklammerten arabischen Zahlen beziehen sich auf die Reihenfolge im Berliner Autograph. Zu den Abkürzungen N und U vgl. S. 105).

findet mit ihrer Inversion der Themen ihr symmetrisches Gegenstück in den Spiegelfugen mit ihrer Inversion des Satzes.

Die Gruppe der Fugen mit mehreren Themen bildet die Achse des Zyklus und ist – unter Zurückstellung der kontrapunktischen Progression – auch in sich selbst symmetrisch angeordnet: Zwischen den beiden vierstimmigen Doppelfugen IX und X liegt die »stumme Achse«, von der aus die Umkehr, das heißt der symmetrische Rücklauf dieser Gruppe und des ganzen Werkes beginnt. Das »Portal«, das Bach im zweiten Arbeitsgang der nun als Nr. X plazierten Doppelfuge voranstellte, interpretiere ich im Sinne dieser »Umkehr« des Symmetrieverlaufs. Die Fuge beginnt nun mit dem von uns so genannten Pausen-/Spiegelungs-Thema: Es ist aus der Pausenform des Grundthemas ableitbar (oben S. 102), und seine durch die Pausen-Suspiratio getrennten Anfangsmotive stehen zueinander im Verhältnis der Umkehr, die ansatzweise auch in dem anschließenden Sechzehntellauf auf- und abwärts erscheint:

61

Das »Portal« insgesamt symbolisiert die Umkehr auch durch die (ab Takt 4 erscheinende) Umkehrungsform des Pausen-/Spiegelungs-Themas sowie durch die anschließend enggeführte Kombination der Normal- und Umkehrungsform dieses Themas.

Die Doppelfuge X ist – zufolge der Voranstellung des »Portals« – die einzige Fuge des Zyklus, die nicht mit dem Grundton d oder dem Dominantton a, sondern mit dem Ton cis beginnt, der somit gleichsam genau in der Mitte des Zyklus steht – so wie der Ton cis auch die Mitte und den Wendepunkt des Grundthemas bildet.

Überhaupt projiziert sich in der Anordnung der Stücke die Überlagerung von ideeller Symmetrie und realer Progression, die das Grundthema kennzeichnet (oben S. 42), in den Gesamtaufbau des Werkes. So wie das Grundthema aus dem Ton d hervorgeht und zu ihm zurückkehrt, so geht der Zyklus von der

Urform des Grundthemas aus und führt in der Schlußfuge zu ihr zurück. Dem Weg des Themas von seinem Anfang zur Mitte und von seiner Mitte zum Schluß entsprechen die Gruppe der Gegenfugen und die der Spiegelfugen, während die mittlere Gruppe, die Achse des Zyklus, die Mitte des Themas mächtig ins Große projiziert. Die Töne d-cis-d und (in der Umkehrungsform) a-b-a des Grundthemas sind die Keime des verminderten Septakkords, des chromatischen Ausdrucksbereichs und der B-A-C-H-CIS-D-Sphäre des Gesamtwerks, das diese Themenmitte in seiner mittleren Gruppe thematisch und rhetorisch zum Höhepunkt der Aussage über das ›Dasein‹ entfaltet. Wir erinnern hier – frühere Feststellungen zusammenfassend – an unsere Benennungen der Themen, die deren Aussage charakterisieren und die rhetorischen Konstellationen umschreiben:

Das Gang-Sprung-Thema, mit dem die erste Doppelfuge beginnt, enthält die B-A-C-H-Sphäre und den chromatischen Tonschritt schon in sich; es wird kommentiert von dem engschrittigen, quasi chromatischen Kontrasubjekt; beide sind ausdrucksmäßig verbunden mit dem zweiten Thema dieser Fuge, der Umkehrungsform der Suspiratio-Variation des Grundthemas.

Die zweite Doppelfuge ist geprägt durch das freudige Oktavsprungthema; in ihrer Plazierung vor der stummen Symmetrieachse weist sie voraus auf das Ereignis der Schlußfuge. Dem entspricht, daß hier – und (außerhalb der ersten Gruppe und der Schlußfuge) nur hier – das unveränderte Grundthema wiederkehrt.

Die dritte Doppelfuge mit ihrem »Portal« zum Symmetrierücklauf kombiniert die Suspiratio-Figur des Pausen-/Spiegelungs-Themas mit dem »willensmäßigen« Gestus der Punktierungsform des Grundthemas.

Die letzte Fuge dieser Gruppe knüpft an die dreistimmige Doppelfuge (Nr. VIII) an und führt den chromatischen Ausdrucksbereich zur höchsten Ausprägung: Suspiratio-Thema, chromatisches Kontrasubjekt, Gang-Sprung-Thema, engschrittiges Kontrasubjekt und B-A-C-H-Tonfolge umschreiben in Verbindung mit Vorhaltsseufzer, Synkopen und dissonierenden Intervallen die rhetorische Intention.

Wie diese Gruppe, so mündet auch jede der anderen Gruppen in einen Höhepunkt ein. In der Gruppe der einfachen Fugen ist es der Affekt der Freude, die sie beschließt und seinen Grund hat in der ihr axialsymmetrisch entsprechenden Schlußfuge. Bei der letzten der drei Gegenfugen bewirkt die Augmentation, daß dem punktierten Grundthema das willentliche Moment genommen ist und es – aufsteigend von der Baß- zur Sopranlage – als feierlicher Cantus firmus erklingt. In der letzten der Doppelfugen kulminiert die Rede über das ›Dasein‹, das »ich bin«. Während die zweite Spiegelfuge freudig bewegt auf dasjenige reagiert, was Spiegelung hier bedeutet, beschwört der Augmentationskanon noch einmal die chromatische Sphäre. Und in der Schlußfuge wird das Redeziel des Gesamtwerks, das auch in jenen Höhepunkten und ihrer Abfolge sich anzeigt, zum endgültigen Ereignis.

So kann man es sehen, es spielen und hören (man muß es nicht). Und jenem Verständnis fügt sich das Unbeweisbare ein, die Bedeutung des B-A-C-H. Es ist – wie gezeigt wurde – potentiell beständig und real immer wieder präsent und erscheint am deutlichsten an drei Hauptstellen: das erstemal am Schluß der im zweiten Arbeitsgang hinzukomponierten letzten einfachen Fuge, hier – die Freudigkeit dieser Fuge, ihre Vorausverweisung begründend – in der B-A-C-H-CIS-D-Form, aber auf zwei Stimmen verteilt (siehe Beispiel 21, S. 48); das zweitemal zu Beginn des zweiten Teils der chromatischen Doppelfuge XI, hier als bloßes B-A-C-H, seine Zugehörigkeit zum ›Dasein‹ voll bekundend (siehe Beispiel 43, S. 84); und zum drittenmal in der Schlußfuge, und hier nun in der thematischen Gestalt, die für unsere Interpretationsidee des Gesamtwerks den Ausgang bildete.

Rezeption

Nicht kann ich mir hier die Aufgabe stellen, die Geschichte der Aufnahme und Wirkung, des Verstehens und Beurteilens der Kunst der Fuge in Einzelheiten nachzuerzählen und zu interpretieren. Ich gebe statt dessen nur einen Überblick, um – daran anschließend – eine Frage zu bedenken, die mir besonders wichtig erscheint, ich meine die der öffentlichen Aufführung des Gesamtwerks.

In der Frühzeit, das heißt in der Zeit, in der die Kunst der Fuge unmittelbar nach ihrer Entstehung als Druckwerk zum Verkauf angeboten wurde, war deren Aufnahme schlicht dadurch bestimmt, daß Bachs Art von Kunst und insbesondere jenes letzte Werk, das sie in ihren Grundprinzipien demonstrieren sollte, nicht mehr verstanden wurden. Die Konstituenten von Kunst, die in Bachs Kunst der Fuge zu einer Einheit zusammengebunden waren: Kontrapunkt und Komposition, Lehre und Kunst, Form und rhetorischer Gehalt, jedes der drei Begriffspaare und die Verbundenheit aller zusammen, wurden auseinandergeteilt. Ein gewandelter Kunstbegriff verstand jene Konstituenten in der Weise zu sich hin, daß er, was von ihnen er selber nicht mehr beinhaltete, ablehnte oder umdeutete, auch gar nicht mehr wahrnahm oder zur Besonderheit isolierte und vergrößerte.

Dies kann exemplarisch abgelesen werden aus dem Vorwort zur Kunst der Fuge, das – wohl auf Veranlassung Carl Philipp Emanuel Bachs – der Berliner Musiktheoretiker Friedrich Wilhelm Marpurg schrieb und das zum Zeitpunkt der Ostermesse 1752 dem Erstdruck des Werkes vorangestellt wurde, um es (nachdem es zunächst ohne ausführliches Vorwort erschienen war) mit kompetenter Stimme der Öffentlichkeit deutlicher ins Bewußtsein zu bringen.

Wenn Marpurg betont, daß Bachs Art der Komposition »in der tiefen Wissenschaft und Ausübung der Harmonie« von niemandem übertroffen werde, und wenn er ihn hierin »der einreißenden Trödeley eines weibischen Gesanges« und »der hüpfenden Melodienmacherey so vieler heutigen Componisten« gegenüberstellt, so zeigt dies – wenn auch parteiisch überspitzt – den Wandel an. Und indem Marpurg den Leser davon zu überzeugen sucht, daß Bachs melodische Gedanken in ihrer Tiefsinnigkeit zugleich »natürliche Gedanken« seien, die als solche »in allen Arten des Geschmacks ... Beyfall finden müssen« und »allezeit und durchgängig ihren Wert« behalten, so wirbt er für Bach mit einem Geschmacksbegriff – dem der »Natürlichkeit« –, der als modisches Schlagwort bereits anderweitig besetzt war. Und wenn er Bachs Werk vor allem dadurch empfiehlt, daß es »die Regeln der Fuge« vermittele, und jedem Komponisten es anstehe, sich »mit Fugen und Contrapuncten besonders bekannt gemachet« zu haben, gleichzeitig jedoch feststellt, daß man heute weithin »die Fuge für eine Geburt des aberwitzigen Altertums« hält und das Wort Contrapunct »den zärtlichen Ohren unserer itzigen Zeit ... barbarisch klinget«, so dividiert auch er – für ihn schon selbstverständlich – Kontrapunkt und Komposition auseinander, isoliert und vergrößert den Lehrbuchcharakter des Werkes und gibt zugleich zu erkennen, daß dessen Gegenstand, die Fugenkomposition, unmodern geworden war. Ehedem wurde »die Fuge unter die prächtigsten Zierrathen einer Kirchen- und Kammermusik gerechnet. Entdecket man sie noch hin und wieder in der ersten: So hat sie aus der letztern gänzlich ihren Abschied genommen.«

Vom Erstdruck der Kunst der Fuge waren bis zum Herbst 1756 »nur ungefähr dreyßig Exemplare« verkauft worden. Dies berichtet Carl Philipp Emanuel Bach in einer Anzeige vom 14. September jenes Jahres, in der er für die in seinem Besitz befindlichen Kupferstichplatten einen Verleger sucht, der sie ihm abnimmt, um das Werk unter Einsatz seiner verlegerischen Möglichkeiten bekannt zu machen und zu vertreiben. Den Grund für die Verkaufsmisere der Druckausgabe, deren Spuren sich von hier an vollends ins dunkle verlieren, lieferte Carl Philipp Emanuel in seiner Anzeige gleich mit, indem er an dem

Werk rühmt, »daß es das vollkommenste practische Fugenwerk« sei »und daß jeder Schüler der Kunst, mit Zuziehung einer guten theoretischen Anweisung, dergleichen die Marpurgische ist [gemeint ist Friedrich Wilhelm Marpurgs zweibändige *Abhandlung von der Fuge*, Berlin 1753/54], notwendig daraus lernen muß, eine gute Fuge zu machen, und also keinen mündlichen Lehrmeister, der sich das Geheimnis der Fuge oft teuer genug bezahlen lässet, zu seinem Unterrichte bedarf«.

Es war die Tragik dieses letzten Bachschen Werkes, daß man in ihm, als es in die Welt trat, lediglich ein praktisches Lehrbuch sah, eine Art Beispielsammlung für einen Lehrstoff, den kaum jemand mehr lernen wollte.

Dies änderte sich im 19. Jahrhundert, wenn auch nur zögernd und immer wieder begrenzt durch das Auseinanderteilen und Selektieren der Sinnschichten des Werkes. (Die von Walter Kolneder 1977 als Teil IV seiner Monographie zusammengestellten Dokumente bieten hier ein wertvolles Quellenmaterial.)

Ein hauptsächlicher Anstoß ging von der allmählichen Wiederbelebung des Bachschen Gesamtwerks aus, in deren Rahmen man sich auch für die Kunst der Fuge zu interessieren begann. Hierher gehören schon die sehr wahrscheinlich von Wolfgang Amadeus Mozart stammenden Einrichtungen von fünf Fugen Bachs für Streichtrio (KV 404 a), unter denen sich auch der Contrapunctus VIII der Kunst der Fuge befindet, unter Voranstellung einer Bearbeitung des Adagio e dolce aus Bachs dritter Orgelsonate. Es kann angenommen werden, daß diese Bearbeitung (sowie fünf weitere Einrichtungen von Fugen des Wohltemperierten Klaviers für Streichquartett KV 405) in Zusammenhang stehen mit den Sonntagsmatineen, die Anfang der achtziger Jahre im Hause des Barons van Swieten in Wien stattfanden. »Ich gehe alle Sonntäge um 12 Uhr zum Baron van Swieten«, schrieb Mozart am 10. April 1782 dem Vater, »und da wird nichts gespielt als Händel und Bach. – Ich mach mir eben eine Collection von den Bachischen Fugen, – sowohl Sebastian als Emanuel und Friedemann Bach.« – In dem Rahmen der praktischen Beschäftigung mit Bachs Werk stehen auch die Einstudierungen einzelner Kontrapunkte der Kunst der Fuge durch die der Berliner Singakademie zugehörige Orchesterschule, wie dies aus deren Probebüchern der Jahre 1813 bis 1815 belegt ist; von einer öffentlichen Aufführung ist jedoch nichts bekannt.

Das schon von Mozart bekundete Interesse an dem kompositorischen Lehrcharakter des Werkes, das wie kein anderes Einsicht bieten konnte in Bachs harmonisches Denken, seine Kunst des Kontrapunkts und der Fugenkomposition, ist unter anderem auch mit den Namen Beethoven, Schumann, Bruckner und Brahms verbunden: In Ludwig van Beethovens Nachlaß befanden sich sowohl eine Abschrift (von fremder Hand) als auch eine Druckausgabe (wohl die von Nägeli) des Werkes; von Robert Schumann gibt es das Autograph einer Klavierfassung vom Jahre 1837; Anton Bruckner fertigte sich als Siebzehnjähriger (1840/41) eine Abschrift an; Johannes Brahms erwarb 1845 das Werk als Manuskript.

Nach einer Pariser Partiturausgabe der Kunst der Fuge wohl vom Jahre 1801 (bei dem Verleger Vogt, 1802 von Ignaz J. Pleyel übernommen) erschien 1802 in Zürich eine Ausgabe von Hans Georg Nägeli als Band II seiner *Musikalischen Kunstwerke im Strengen Style von J. S. Bach und anderen Meistern*, eine Partiturausgabe mit darunter gedruckter Klavierumschrift auf zwei Systemen. Bach und die »strenge Schreibart« sowie die Bereicherung der Klavierliteratur bildeten die Motivation dieser Ausgabe, die – wahrscheinlich gleichzeitig – auch in Paris herauskam und Mitte der zwanziger Jahre des 19. Jahrhunderts dort (bei Richault) nochmals nachgedruckt wurde. 1838 erschien bei C. F. Peters in Leipzig als Band III einer großangelegten Verlagsausgabe der Werke Bachs die Kunst der Fuge, herausgegeben von Carl Czerny, auf zwei Systemen notiert, mit Fingersatz, Zeitmaßangaben und Vortragsbezeichnungen versehen – nachdem, wie es in einer Verlagsanzeige heißt, »die Kunst der Fuge seit einigen Jahren im Musikalienhandel gänzlich fehlte«. Das klavieristische Studium und Spiel war also auch hier die primäre Intention der Veröffentlichung, die – wie Kolneder festgestellt hat (1977, S. 516ff.) – bei stetiger Auflagenerhöhung beständig nachgedruckt wurde mit einer Verkaufszahl von etwa 2700 Exemplaren bis 1874 und rund 20300 Exemplaren bis 1926. Ab 1838 also stand Bachs Kunst der Fuge als praktisches Klavierwerk durchgehend und allgemein zur Verfügung. 1868 erschien im

Leipziger Verlag von Rieter-Biedermann eine Ausgabe für Orgel. Und 1875 gab Friedrich Wilhelm Rust das Werk in Partiturdruck mit den originalen Schlüsseln als Band XXV der Bach-Gesamtausgabe heraus. – An analytischen Arbeiten seien die Veröffentlichungen von Moritz Hauptmann (*Erläuterungen zu J. S. Bachs Kunst der Fuge*, 1841), James Higgs (*Bach »Art of Fugue«*, 1877), Hugo Riemann (*Analyse von Bachs »Kunst der Fuge«*, 1894) und Salomon Jadassohn (*»Die Kunst der Fuge« von J. S. Bach*, zuerst 1895, separat 1899) genannt.

Zusammenfassend kann im Blick auf das 19. Jahrhundert gesagt werden, daß Bachs Kunst der Fuge zunehmend ins Bewußtsein der Öffentlichkeit trat, und dies auf verschiedenen, sich überschneidenden Ebenen: einerseits auf derjenigen des erstarkenden Interesses an Bach und der alten, gebundenen Schreibart, andererseits auf der Ebene der Klavierschulwerke und der Orgelliteratur; wiederum andererseits wurde es kompositorisch rezipiert und diente im geschichtlich orientierten Lernprozeß als Muster der Fugenkomposition.

Bei der Beurteilung der Kunst der Fuge stand im 19. Jahrhundert das kontrapunktische Kunstvermögen im Vordergrund. Man charakterisierte sie als ein Werk, das veranschaulicht, »was möglicher Weise über ein Fugenthema gemacht werden könne« (Forkel, 1802); man bewunderte sie als »Riesenwerk« der Fugenkunst (Nägeli, 1826), als »unübertroffenes Product harmonischen Scharfsinns« (Czerny, 1838); man sah in ihr ein »Monument« der »alten strengen Musik« in »architektonischer Großartigkeit« (Hermann Barth, 1901), eine »kontrapunktische Speculation auf schwindelnder Höhe« (Philipp Wolfrum, 1906). Man wog den ästhetischen und den belehrenden Wert gegeneinander ab: Wollte man diese Musikstücke »nur ihrem musikalisch-poetischen Wesen und Werte nach betrachten«, heißt es 1841 bei Moritz Hauptmann, »so wird der hohe Meister auch hier keinen Augenblick zu verkennen sein; das Werk hat aber zunächst eine andere Tendenz als die bloß ästhetische: es will hauptsächlich ein belehrendes sein«. Und schärfer noch schrieb Riemann (1894), die Kunst der Fuge sei »als Ganzes betrachtet ... kein eigentliches Kunstwerk, sondern ein Schulwerk«; man habe »durchaus von dem ästhetischen Gesamteindruck des Werkes abzusehen«. Dagegen hatte schon Philipp Spitta im zweiten Band seiner Bach-Monographie (1880) betont, man würde dieses Werk mißverstehen, »wollte man in ihm etwa ein Lehrbuch der Fuge in Exempeln und nicht vielmehr ein echtes Kunstwerk erkennen ..., eine Composition von unvergleichlicher Kunstvollendung und unermeßlicher Empfindungstiefe«; dieses Werk werde zwar »als Bachs letzte große Arbeit stets mit besonderer Ehrfurcht genannt«, sei aber dem Leben des deutschen Volkes fast fremd geblieben.

Auf dem Boden dieser schon von Spitta vertretenen Auffassung, gefördert durch den Geist der zwanziger Jahre des 20. Jahrhunderts und getrieben von persönlichem Enthusiasmus reifte in dem jungen, frühbegabten Berliner Mathematikstudenten Wolfgang Graeser der Plan, Bachs Kunst der Fuge in großem Rahmen öffentlich aufzuführen. In einem umfangreichen Aufsatz über *Bachs »Kunst der Fuge«*, der 1924 im Bach-Jahrbuch erschien und eine Wende in der Beurteilung des Werkes einleitete, nannte er die Kunst der Fuge »eine der reinsten, vollkommensten Verkörperungen dieses unseres [abendländischen] Geistes«, »eines der kostbarsten Güter der Nation«. »Das deutsche Volk soll sich in einer Zeit der Knechtung, der inneren und äußeren Armut auf seine großen welthistorischen Geister besinnen.«

Die von Graeser betriebene Aufführung, weithin als »Uraufführung« bezeichnet, fand – nach Überwindung zahlreicher Widerstände seitens derer, die den »ästhetischen Wert« des Werkes noch immer bezweifelten – am 26. Juni 1927 unter Leitung von Karl Straube in der Thomaskirche zu Leipzig statt, in Graesers Einrichtung für Streichquartett, Streichorchester, Trompeten, Posaunen, Oboen, Fagotte, Orgel und Cembalo. Die Fugen wurden in einer von Graeser begründeten Reihenfolge in verschiedener, sich klanglich steigernder Besetzung und – nach Ausweis der Dirigierpartitur – in einem höchst expressiven Gestus ausgeführt. Nach dem durch Trompeten und Posaunen »hart und erstarrend« vorgetragenen Fragmentschluß erklang – gespielt von Streichern und Orgel – der Choral.

Die Wirkung auf die Zuhörer war überwältigend. Alfred Heuß sprach von »dem vielleicht größten instrumentalen Ereignis dieses ganzen Jahrhunderts«. Die Aufführung »war ein Gottesdienst« (Felix Stössinger), der Name Bach erschien »wie der eines Heiligen« (Hugo Löbmann). Schlagartig von nun an wurde das Werk immer wieder konzertmäßig dargeboten, nach Walter Kolneders Aufführungsverzeichnis (1977, Teil V) im Jahre 1928 zwanzigmal, 1929 siebzehnmal, 1930 zehnmal usw. Und es entfaltete sich jenes Rezeptionsvokabular der auratischen Superlative, das nicht selten mehr über den Rezipienten als über das Werk aussagt und bis heute fortdauert: »Riesenbau dieser Weltfuge« (Hugo Löbmann, 1927), »Mathematik des Kosmos« (Richard Benz, 1935), »das deutscheste Musikwerk, das sich denken läßt« (Erich Doflein, 1936), »ein Stück spätes Mittelalter« (Arnold Schering, 1941), »riesiger Fugenkosmos von 2032 Takten« (Georg Bieri, 1950), »kyklopischer Torso, den der Erbe tausendjähriger Geschichte hinterlassen hat« (Friedrich Blume, 1951), »die letzte Vergeistigung der Kontrapunktik, gelöst vom Klang, gelöst vom Wort« (Karl Gustav Fellerer, 1966), »eine gewaltige Manifestation des geistigen Ich« (Karl F. Wengert, 1975) ...

Was seit jener denkwürdigen Aufführung der Kunst der Fuge mit Verwunderung entdeckt wurde, war jene Eigenschaft des Werkes, die Alban Berg in die Worte zusammenfaßte: »tiefste Musik«. »Gestern Bachs ›Kunst der Fuge‹. Herrlich!!«, schrieb er im Frühjahr 1928 aus Zürich an seine Frau. »Ein Werk, das bisher für *Mathematik* gehalten wurde, von einem jungen Deutschen instrumentiert: *tiefste* Musik!!« Gleichwohl blieb die als »mathematisch«, lehrhaft und gelehrt, abstrakt artifiziell rezipierte Seite dieses Werkes an der Verwunderung beteiligt, sei es, daß man dessen Darbietungswert »trotz« der kontrapunktischen Kunstmäßigkeit sich behaupten sah, oder sei es, daß gerade sie es war, die, als Spiegelung kosmischer Ordnung verstanden, die mystische Verklärung steigerte.

*

Durch die von Wolfgang Graeser eingeleitete Praxis der öffentlichen Aufführung der Kunst der Fuge ist diesem Werk – unbeschadet seiner Entdeckung als »tiefster Musik« – eine Problematik zugewachsen, die ihm seitdem anhaftet wie keinem Werk sonst und die unauflösbar ist. Sie ist zutiefst darin begründet, daß die Kunst der Fuge bei der konzertmäßigen Darbietung in eine Daseinsform überführt wird, die Bach mit diesem Werk nicht gemeint, auch nicht mitgemeint hat.

Nach der Veröffentlichung des Werkes wird, auch im Sinne Bachs, die Aufführung einzelner Stücke in Kenner- und Liebhaberkreisen jederzeit möglich gewesen sein – wir wissen darüber freilich nichts. Für eine vollständige Darbietung der Kunst der Fuge vor einer Zuhörerschaft ist jedoch im Blick auf die damalige Zeit kein Ort und keine Gelegenheit ausfindig zu machen, ja auch nur denkbar. Schon die Länge des Werkes widerspricht – worauf Werner Breig (1982) aufmerksam machte – jeder Möglichkeit einer zeitgenössischen Aufführung. Ein zur Darbietung bestimmtes Instrumentalwerk (Konzert, Sonate, Suite) hatte in der Bach-Zeit eine Spieldauer von 15 bis 20 Minuten, während der Vortrag der Kunst der Fuge etwa 90 Minuten beansprucht. Bei den Goldberg-Variationen beträgt die Spielzeit etwa 45 Minuten (wenn man die Wiederholungen fortläßt), und auch sie gelangten, vom Usus der Bach-Zeit her gesehen, nicht als Ganzes zur Aufführung, obwohl sie – im Unterschied zur Kunst der Fuge – primär zum Spielen und Vorspielen bestimmt waren: Sie sind – wie Breig es unterscheidet – zwar ein »komponierter Zyklus«, aber kein »Aufführungszyklus«.

Bach hat alle Stücke der Kunst der Fuge so komponiert, daß sie auf dem (Pedal-)Cembalo oder auf der Orgel ausführbar sind, mit Ausnahme der dreistimmigen Spiegelfuge, der er eine Spielfassung für zwei Cembali beifügte, da die Demonstration des gespiegelten doppelten Kontrapunkts der Darstellung auf nur einem Instrument entgegenstand. Die Spielbarkeit dieses Fugenzyklus hat aber primär nichts zu tun mit seiner Darbietung, sondern entspricht dem Lehrcharakter des Werkes: was komponiert wird, muß auch spielbar sein, und was zum Studium bestimmt ist, muß von nur einem Spieler, dem Studierenden, realisiert werden können.

So auch ist die Partiturnotation, in die Bach – wie das Autograph der Quadrupelfuge zeigt – die Fugen aus einer zunächst auf zwei Systemen notierten Aufzeichnung für den Druck umschrieb, nicht als ein offenes Angebot für eine Instrumentation zu verstehen, sondern als eine dem Lehrbegriff zugehörige Form der Demonstration kontrapunktischer Stimmenbehandlung.

Auch der künstlerische Rang der einzelnen Lehrstücke ist kein Indiz dafür, daß sie als Musik zum Zuhören gemeint sind, sondern er entspricht Bachs Lehrbegriff von Komposition, bei dem die Demonstration des kontrapunktischen Verfahrens verknüpft ist mit dem Anspruch künstlerischer Qualität.

Und selbst der kunstvolle Bau des Gesamtwerks: der Beziehungsreichtum der Kontrapunkte untereinander, die zyklische Anlage, die axialsymmetrische Anordnung und die rhetorische Aussage, erheischt hier nicht die klingende Darbietung. Der Werkcharakter ist in jenen Merkmalen voll ausgeprägt, doch nicht in Richtung von Aufführung, sondern ebenfalls in Erfüllung jenes Lehrbegriffs, bei dem das Lehrwerk als solches zugleich Kunstwerk ist und das Kunstwerk zugleich Darstellungswerk, letzteres bei der Kunst der Fuge jedoch einzigartig in der Weise, daß der Darstellungswert innerhalb des Lehr- und Demonstrationswertes verbleibt und an die Darstellungsverwirklichung im Sinne einer Werkaufführung nicht gedacht ist; sie ist nicht einkalkuliert.

Das besagt nicht, daß man Bachs Kunst der Fuge heute nicht doch konzertmäßig darbieten dürfe. Dies steht hier nicht in Rede. Zu bedenken ist jedoch, daß dieses Werk – auch abgesehen von der Frage der Aufführungsdauer, die gegenüber der Bach-Zeit heute anders beurteilt werden kann – hierbei in eine Sphäre transportiert wird, die ihm originär nicht zugehört, und daß von daher jene Probleme der Darbietung entstehen, die unlösbar sind.

Dies betrifft als erstes die Instrumentenfrage. Bei der konzertmäßigen Aufführung entfällt das Moment des häuslichen Studiums der Komposition, das deren klavieristische Ausführbarkeit motivierte. Die Instrumentenwahl wird nun nicht mehr durch den Lehrzweck, sondern durch den Wirkungszweck bestimmt. Dabei werden Cembalo und Orgel zu Möglichkeiten neben anderen. Während bei der Orgel die Klangstärken und Registerfarben eingesetzt werden können, kann dem Cembalo gerade deshalb der Vorzug gegeben werden, weil hier die relative

Gleichtönigkeit des Instruments der satztechnischen und ausdrucksmäßigen Gleichrangigkeit der Stimmen entspricht und zudem das Saitenklavier der Durchhörbarkeit des kontrapunktischen Satzes entgegenkommt (vgl. oben S. 68). Der Nachteil ist hier, daß zumindest für die Ausführung der dreistimmigen Spiegelfuge ein zweiter Spieler mit einem zweiten Instrument benötigt wird, wodurch sich in der Regel eine ganz ungewöhnliche Rollenverteilung ergibt. Zudem ist gerade die Gleichtönigkeit des Cembalos dem Wirkungsmoment eines so umfangreichen Werkes nicht förderlich, zumal diesem Fugenwerk – im Unterschied zum Wohltemperierten Klavier und zu den Goldberg-Variationen – das klavieristische Spielmoment weitgehend mangelt.

Die Aufführung der Kunst der Fuge durch ein Instrumentalensemble, sei es durch großes Orchester, wie Graeser es einsetzte, oder durch Kammerorchester, wie es heute bevorzugt wird, dient zweifellos der Aufnahmeerleichterung und Wirkungssteigerung des Gesamtwerks, ist aber – auch im Blick auf die Faktur des musikalischen Satzes – keinesfalls von Bach gemeint.

Eine solche Ausführung setzt den Akt der Instrumentierung voraus und somit in jedem Fall eine Bearbeitung des Originals, die bei der Kunst der Fuge unausweichlich ein besonders hohes Maß an subjektiver Interpretation ins Spiel bringt und unvermeidbar den Intentionen dieses Kontrapunktwerks nicht oder nur sehr bedingt entspricht. Denn jede Klangfarbe: Oboe, Trompete, Posaune usw., bringt einen Klangcharakter mit sich: elegisch, festlich, feierlich usw., der mit der rhetorischen Aussage einer Stimme nur interpretierend, genauer: nur bearbeitend verbunden werden kann. Soll zum Beispiel ein Passus duriusculus in der Figurenkombination mit Suspirationes und Quartae falsae »elegisch« klingen (Oboe) oder »aggressiv« (Klarinette) oder »verinnerlicht« (Violine)? Hier wird der Musik etwas aufgesetzt, das ihr fremd ist: Es müssen Entscheidungen getroffen werden über das Besagen von Musik, das in der Kunst der Fuge gerade deswegen so eindringlich ist, weil die Komposition hier nicht bis zur Versinnlichung (man kann auch sagen: Veräußerlichung) durch Instrumentalfarbe und -dynamik fortgeschritten ist, sondern auf der strukturellen Ebene gleichsam stehenbleibt. Und hinzu kommt, daß die durch eine Orchestrierung fast unvermeidliche Hervorkehrung oder Zurückdrängung des Themas, eines Kontrasubjekts oder überhaupt einer kontrapunktischen Stimme nicht nur der durchgängigen Gleichrangigkeit aller Stimmen, sondern auch der Gleichgewichtigkeit ihrer Aussage zuwider läuft; so zum Beispiel kann der kontrapunktische Kommentar einer Themendarstellung ebenso wichtig sein wie das Erklingen des Themas selbst, und die kontrapunktische und rhetorische Kompositionsidee einer Fuge, zum Beispiel das Überbindungs- und Anstoßspiel in Contrapunctus I, der durchgehende Punktierungsgestus in Contrapunctus II usw., läßt sich schlechterdings nicht auf verschiedene Klangfarben »aufteilen«.

Selbstverständlich ist damit kein »Verbot« einer Ensembleausführung der Kunst der Fuge ausgesprochen. Sie ist ebenso möglich wie jede noch weitergehende Bearbeitung – nur: um ein Werk von Bach handelt es sich dann nur noch in bedingtem Maße. – Die Kunst der Fuge bietet aus sich heraus für ihre konzertmäßige Aufführung keine Lösung an; sie enthält – musterhaft – einen Darstellungswert in sich, ist aber nicht als Darstellungsmusik komponiert. Hier gibt es nur Lösungsversuche, Kompromisse, keine Vollkommenheit. Aber gerade dies wird den Interpreten immer wieder aufs neue auffordern und anreizen, sich mit dieser Problematik auseinanderzusetzen. Wenn er nur weiß, daß und in welchem Ausmaß es sie hier gibt.

Ein weiteres unlösbares Problem der konzertmäßigen Darbietung der Kunst der Fuge ist ihr fragmentarisches Schließen. Dies ist zwar keine kompositorische Eigenschaft des Werkes, sondern die Folge eines Eingriffs von außen, der aber hier gleichwohl zu einem Aufführungsproblem wird durch das Werk selbst. Denn mit dem konzertmäßigen Sich-Ereignen des Fragmentschlusses verbinden sich bei den Zuhörern die unausweichlichen Gedanken: »Bach!« – »Gipfelwerk der Weltliteratur« – »letztes Werk« – »... ist der Verfasser gestorben«. Man kann das Fugenfragment nicht weglassen, da dann der kompositorische und rhetorische Höhepunkt fehlen würde. Und jedem Versuch, das Fugenfragment zu ergänzen, mangelt die Authentizität. Läßt man jedoch die Stimmen dem Autograph gemäß fragmentarisch abbrechen, so ist das frömmelnde Erschauern unvermeidbar, das durch jene unausweichlichen Gedanken erzeugt wird und dem Werk eine Wirkung verleiht, die ihm nicht zugehört. Und wird nach dem Abbrechen der Stimmen der Choral gespielt, so ergibt sich der gleiche Effekt, jener, den ein Bericht über die Aufführung beim Deutschen Bachfest in Kassel im Jahre 1928 – gleichsam schonungslos – wie folgt beschrieb: »Als die letzte Note Bachs in der übermächtigen Quadrupelfuge mit dem Thema BACH plötzlich scharf abbrach und sphärenhaft-leise der Schlußchoral ›Vor deinen Thron tret ich hiermit‹ einsetzte, umgeisterte uns Ewigkeit. Stehend lauschten die Zuhörer, von weher Trauer durchbebt, den verschwebenden Klängen. Kein Laut des Beifalls erscholl, mystisches Ahnen tastete nach den Todesschatten, nach der geheimnisvollen Gestalt des sterbenden Meisters ...«

Auch hier gibt es schlechterdings keine Lösungen, nur Versuche, vielleicht auch neue Einfälle (zum Beispiel könnte man statt des Chorals ein strahlendes Durwerk von Bach ans Ende setzen) – Notlösung bleibt alles. Streng gesprochen: während sich bei der konzertmäßigen Darbietung der Kunst der Fuge auf der Ebene der orchestralen Ausführung die Wirkung verweigert, wird sie im Blick auf das fragmentarische Schließen verfälscht.

Schließlich gibt es bei der öffentlichen Aufführung der Kunst der Fuge noch ein drittes Problem, das ist die Zumutbarkeit. Über sie will ich nicht allgemeinbezogen urteilen; denn wer will entscheiden, was heute für einen Konzertbesucher zumutbar ist und was nicht? Ich spreche hier nur über mich, wenn ich gestehe, daß ich mich als Zuhörer einer Gesamtaufführung dieses Werkes überfordert fühle. Ich versuche, mir klarzumachen, woher das kommt.

Ich glaube, daß es kein anderes Werk von vergleichbarem Umfang gibt, auch nicht von Bach, das durchgehend so konzentriert und dicht komponiert ist wie dieses, kompositorisch so in sich gekehrt, bei sich selbst seiend, so wenig Rücksicht nehmend auf das Beisammensein von Genießen und Versenken, Ernst des Bedeutens und sinnlichem Spiel, Ausruhen und Anstrengen der Apperzeption – ein Beisammensein des Sich-nach-außen- und

-nach-innen-Kehrens, das doch jedes andere zur öffentlichen Aufführung bestimmte Musikwerk in verschiedenen Mischungsgraden enthält und anbietet.

Dies ist – überflüssig zu sagen – nicht so zu verstehen, als handele es sich hier um eine abstrakte Studiermusik, die keine Ausdrucksbedeutung, keinen Darstellungswert hat. Meine Interpretation des Werkes versuchte das Gegenteil zu erweisen. Aber dieses Gegenteil ist hier an etwas anderes, nämlich an die Intention des Lehrens und Demonstrierens des kontrapunktischen Komponierens im Medium der Fugenform, untrennbar festgeknüpft: Die kompositorische Dichte, die das Hören des Gesamtwerks überfordert, denkt hier nicht an den Zuhörer, sondern ist die Erscheinungsweise jener Demonstrationsidee, und der Darstellungswert ist hier nicht konzertmäßig isolierbar, sondern in die Demonstrationsidee eingebunden.

Während Bachs Kunst der Fuge im 18. Jahrhundert als praktische Lehre eines Gegenstandes angesehen wurde, den zu erlernen kaum noch ein Bedürfnis bestand, und man im 19. Jahrhundert, nicht ohne historisierenden Gestus, die hier überlieferte kontrapunktische Fugenkunst zu bewundern begann, ohne die Tiefe der Musik zu erkennen, war es im 20. Jahrhundert eben diese Tiefe, die zur Folge hatte, daß der Darstellungswert des Werkes von dem Demonstrationswert abgetrennt und zu einem Kunstwert verwandelt wurde.

Möge Bachs Kunst der Fuge aufgeführt werden, öffentlich, in Konzertsälen und Kirchenräumen, heute und morgen; möge man immer wieder aufs neue den Aufführungsproblemen sich stellen in ihrer Unlösbarkeit. Vollkommen kann diese Musik für mich nur sein, indem ich sie denke, sie weiß, sie in mir trage.

Literatur

Quellen

Johann Sebastian Bach / Die Kunst der Fuge (BWV 1080): Autograph, Originaldruck, = Faksimile-Reihe Bachscher Werke und Schriftstücke, hrsg. vom Bach-Archiv Leipzig, Band XIV, Leipzig 1979, Lizenzausgabe B. Schott's Söhne, Mainz

Dokumente zum Nachwirken Johann Sebastian Bachs 1750–1800, vorgelegt und erläutert von Hans-Joachim Schulze, = Bach-Dokumente, hrsg. vom Bach-Archiv Leipzig unter Leitung von Werner Neumann, Supplement zu Johann Sebastian Bach, Neue Ausgabe sämtlicher Werke, Band III, Kassel und Leipzig 1972

BWV = Bach-Werke-Verzeichnis. Thematisch-systematisches Verzeichnis der musikalischen Werke von Johann Sebastian Bach, hrsg. von Wolfgang Schmieder, Leipzig 1950, 6. Aufl. 1976

Gesamtdarstellungen

Wolfgang Graeser, Bachs »Kunst der Fuge«, in: Bach-Jahrbuch 1924, S. 1–104

Erich Schwebsch, Johann Sebastian Bach und die Kunst der Fuge, Stuttgart 1931, 2. Aufl. Kassel 1955

Walter Kolneder, Die Kunst der Fuge. Mythen des 20. Jahrhunderts, 4 Bände, = Taschenbücher zur Musikwissenschaft 42–45, Wilhelmshaven 1977 (Besprechungen: Alfred Dürr, in: Die Musikforschung XXXII, 1979, S. 153–156; Christoph Wolff, in: Musica XXXIII, 1979, S. 288f.)

Erich Bergel, Johann Sebastian Bach / Die Kunst der Fuge. Ihre geistige Grundlage im Zeichen der thematischen Bipolarität, Bonn 1980 (dieses Buch wurde mir erst nach Abschluß meines Manuskripts bekannt)

Werküberlieferung

Bach's »Art of Fugue«: An Examination of the Sources. Seminar Report, in: Current Musicology Nr. 19, New York, Columbia University 1975, S. 47–77

Wolfgang Wiemer, Zur Datierung des Erstdrucks der »Kunst der Fuge«, in: Die Musikforschung XXXI, 1978, S. 181–185

Christoph Wolff, Zur Chronologie und Kompositionsgeschichte von Bachs Kunst der Fuge, in: Beiträge zur Musikwissenschaft, 1983, S. 130–142

Das Grundthema

George Hepworth, Das B.A.C.H in Joh. Seb. Bach's »Kunst der Fuge«, Leipzig 1887

Wilhelm Keller, Das Thema der »Kunst der Fuge«, in: Zeitschrift für Musik, Jg. 111, 1950, S. 71–73

Schlußfuge

Gustav Nottebohm, J. S. Bachs letzte Fuge, in: Musikwelt I, 1880/81, S. 232–236 und 244–246

Christoph Wolff, The Last Fugue: Unfinished?, in: Current Musicology Nr. 19, New York 1975, S. 71–77

Choral

Hans Klotz, Kritischer Bericht zu: J. S. Bach, Neue Ausgabe sämtlicher Werke, Serie IV, Band 2: Die Orgelchoräle aus der Leipziger Originalhandschrift, Kassel 1957

Christoph Wolff, J. S. Bachs »Sterbechoral«: Kritische Fragen an einen Mythos, in: Studies in Renaissance and Baroque Music in Honor of Arthur Mendel, hrsg. von Robert L. Marshall, Kassel 1974, S. 283 bis 297

Peter Williams, The Organ Music of J. S. Bach, Band II: Works based on Chorales, Cambridge 1980

Instrumentale Bestimmung, Anordnung der Stücke, Zyklus- und Symmetriefrage

Heinrich Husmann, Die Kunst der Fuge als Klavierwerk – Besetzung und Anordnung, in: Bach-Jahrbuch 1938, S. 3–61

Christoph Wolff, Ordnungsprinzipien in den Originaldrucken Bachscher Werke, in: Bach-Interpretationen, hrsg. von Martin Geck, = Kleine Vandenhoeck-Reihe Band 291, Göttingen 1969

Werner Breig, Bachs Goldberg-Variationen als zyklisches Werk, in: Archiv für Musikwissenschaft XXXII, 1975, S. 243–265

Wolfgang Wiemer, Die wiederhergestellte Ordnung in Johann Sebastian Bachs Kunst der Fuge. Untersuchungen am Originaldruck, Wiesbaden 1977 (Besprechungen: Alfred Dürr, in: Die Musikforschung XXXII, 1979, S. 156f.; Christoph Wolff, in: Musica XXXIII, 1979, S. 288f.)

Werner Breig, Bachs »Kunst der Fuge«: Zur instrumentalen Bestimmung und zum Zyklus-Charakter, in: Bach-Jahrbuch 1982, S. 103–123

Gregory Butler, Ordering Problems in J. S. Bach's *Art of Fugue* Resolved, in: The Musical Quarterly LXIX, 1983, S. 44–61

Kontrapunkt

Klaus-Jürgen Sachs, Contrapunctus/Kontrapunkt, Begriffsmonographie, in: Handwörterbuch der musikalischen Terminologie, Wiesbaden (1982)

Musikalische Rhetorik

Wilibald Gurlitt, Musik und Rhetorik. Hinweise auf ihre geschichtliche Grundlageneinheit, in: Helicon V, 1944, S. 67–86, Wiederabdruck in: Beihefte zum Archiv für Musikwissenschaft I, Wiesbaden 1966, S. 62–81

Arnold Schmitz, Die Bildlichkeit der wortgebundenen Musik J. S. Bachs, Mainz 1950, 2. Aufl. Laaber 1980

Hans Heinrich Eggebrecht, Heinrich Schütz – Musicus poeticus, Göttingen 1959, 2. Aufl. Wilhelmshaven 1984

Affektenlehre

Rolf Dammann, Der Musikbegriff im deutschen Barock, Köln 1967, 2. Aufl. Laaber 1984

Zahlensymbolik

Ulrich Meyer, Zum Problem der Zahlen in J. S. Bachs Werk, in: Musik und Kirche IL, 1979, S. 58–71

Mizlers Sozietät der musikalischen Wissenschaften

Hans Gunter Hoke, Zu Johann Sebastian Bachs »Die Kunst der Fuge«, Leipzig 1979

Bachs Krankheit

Helmut Zeraschi, Bach und der Okulist Taylor, in: Bach-Jahrbuch 1956, S. 52–64

Den Notenbeispielen dieses Bandes liegt mit freundlicher Genehmigung des Verlags die im Bärenreiter-Verlag, Kassel, als Taschenpartitur Nr. 26 erschienene Ausgabe der Kunst der Fuge zugrunde, die nach der Handschrift und dem Erstdruck von Hermann Diener besorgt wurde.

BACHFORSCHUNG IM BUNDESVERLAG

Prof. Ludwig Czaczkes, Schüler von Joseph Marx, legt die Ergebnisse seiner jahrzehntelangen Analysen der Kunst der Fuge vor — für alle Musikliebhaber und Konzertbesucher, für alle Tasteninstrumentalisten, die auch am „Wohltemperierten Klavier" arbeiten, für alle Theoriebeflissenen, vom Jünger des Kontrapunkts bis zum vollendeten Musiktheoretiker.

Die Fugen des Wohltemperierten Klaviers in bildlicher Darstellung

Zweisprachige Ausgabe: Deutsch und Englisch

Kartoniert, 21 x 29,7 cm, 56 Seiten

Analyse des Wohltemperierten Klaviers

Form und Aufbau der Fuge bei Bach

Englisch broschiert, 16,5 x 23,5 cm

Band I: 236 Seiten, Band II: 324 Seiten

Bachs chromatische Fantasie und Fuge

Form und Aufbau. Die Arpeggienausführung

Kartoniert, 16,5 x 23,5 cm, 96 Seiten

ÖBV Österreichischer Bundesverlag ÖBV

Musikliteratur bei Piper (Auswahl)

Kurt Blaukopf
Musik im Wandel der Gesellschaft
Grundzüge der Musiksoziologie. 1982. 383 Seiten und 4 Farbtafeln. Geb.

Alfred Brendel
Nachdenken über Musik
Mit einem Interview von Jeremy Siepmann. 8. Aufl., 39. Tsd. 1984. 228 Seiten und 61 Notenbeispiele. Serie Piper 265

Carl Dahlhaus
Musikalischer Realismus
Zur Musikgeschichte des 19. Jahrhunderts. 2. Aufl., 5. Tsd. 1984. 166 Seiten. Serie Piper 239

Ulrich Dibelius
Moderne Musik I
1945–1965. 3. Aufl., 20. Tsd. 1984. 392 Seiten mit 31 Abbildungen und 45 Notenbeispielen. Serie Piper 363

Hans Heinrich Eggebrecht
Die Musik Gustav Mahlers
1982. 305 Seiten mit 73 Notenbeispielen. Leinen

Martin Gregor-Dellin
Heinrich Schütz
Sein Leben, sein Werk, seine Zeit. 1984. 494 Seiten mit 25 Abbildungen auf Tafeln und 4 Farbtafeln. Leinen

Martin Gregor-Dellin
Richard Wagner
Sein Leben – Sein Werk – Sein Jahrhundert. 1980. 930 Seiten. Leinen

PIPER

Musikliteratur bei Piper (Auswahl)

Martin Gregor-Dellin
Richard Wagner
Eine Biographie in Bildern. 1982. 220 Seiten mit 325 farbigen und schwarzweißen Abbildungen. Leinen

Joachim Kaiser
Große Pianisten in unserer Zeit
5., erweiterte Aufl., 25. Tsd. 1982. 292 Seiten mit 25 Notenbeispielen und 27 Fotos. Kt.

Joachim Kaiser
Mein Name ist Sarastro
Die Gestalten in Mozarts Meisteropern von Alfonso bis Zerlina. 1984. 299 Seiten mit 25 Abbildungen. Leinen

Wilhelm Kempff
Was ich hörte, was ich sah
Reisebilder eines Pianisten. 1981. 179 Seiten mit 16 Farbtafeln und 10 Schwarzweißfotos auf Tafeln. Leinen

Helmut Lesch/Katrin Behrend/Hans Poppel
Erklär mir die Musik
Piper Erklär mir Sachbuch 6. 1982. 95 Seiten mit 142 meist farbigen Abbildungen. Geb.

Lust an der Musik
Ein Lesebuch. Herausgegeben von Klaus Stadler. 1984. 436 Seiten. Serie Piper 350

Gustav Mahler/Richard Strauss
Briefwechsel 1888–1911
Herausgegeben und mit einem musikhistorischen Essay versehen von Herta Blaukopf. 1980. 232 Seiten und 14 Abbildungen auf Tafeln. Geb.

PIPER

Musikliteratur bei Piper (Auswahl)

Yehudi Menuhin
Ich bin fasziniert von allem Menschlichen

Gespräche mit Robin Daniels. Aus dem Englischen von Hans-Jürgen Baron von Koskull. Vorwort von Lawrence Durrell. 2. Aufl., 12. Tsd. 1983. 208 Seiten. Serie Piper 263

Yehudi Menuhin
Unvollendete Reise

Lebenserinnerungen. Aus dem Englischen von Isabella Nadolny und Albrecht Roeseler. 6. Aufl., 79. Tsd. 1980. 462 Seiten und 63 Abbildungen auf Tafeln. Geb.

Yehudi Menuhin
Variationen

Betrachtungen zu Musik und Zeit. Aus dem Englischen von Horst Leuchtmann. 1984. 256 Seiten. Serie Piper 369

Prokofjew über Prokofjew

Aus der Jugend eines Komponisten. Herausgegeben von David H. Appel. Aus dem Amerikanischen von Hans-Horst Henschen. 1981. 430 Seiten mit Notenfaksimiles und 85 Abbildungen auf Tafeln. Geb.

Romain Rolland
Georg Friedrich Händel

Mit einem Vorwort von Carl Dahlhaus. Aus dem Französischen von L. Langnese-Hug. 1984. 288 Seiten mit Abbildungen und Notenbeispielen. Serie Piper 359

Harvey Sachs
Toscanini

Eine Biographie. Aus dem Amerikanischen von Hans-Horst Henschen. 1982. 507 Seiten Text und 34 Abbildungen auf Tafeln. Geb.

PIPER

Musikliteratur bei Piper (Auswahl)

Sigfried Schibli
Alexander Skrjabin und seine Musik

Grenzüberschreitungen eines prometheischen Geistes. 1983. 421 Seiten mit 56 Notenbeispielen und 20 Abbildungen auf Tafeln. Geb.

Paul Stefan
Gustav Mahler

Eine Studie über Persönlichkeit und Werk. Mit zwei Bildnissen, einem Partitur- und einem Brief-Faksimile und vielen Notenbeispielen. 1981. Faksimile der 1912 erschienenen 4. Auflage. 158 Seiten Text; 2 Seiten Beilage von Hans Heinrich Eggebrecht. Geb.

Cosima Wagner
Die Tagebücher

Herausgegeben von der Stadt Bayreuth. Ediert und kommentiert von Martin Gregor-Dellin und Dietrich Mack. 2., neu durchgesehene und im Anhang revidierte Auflage

Band I: 1869–1872. 1982. 624 Seiten. Serie Piper 251
Band II: 1873–1877. 1982. 688 Seiten. Serie Piper 252
Band III: 1878–1880. 1982. 656 Seiten. Serie Piper 253
Band IV: 1881–1883. 1982. 688 Seiten. Serie Piper 254

Cosima Wagner
Das zweite Leben

Briefe und Aufzeichnungen 1883–1930. Herausgegeben von Dietrich Mack. 1980. 899 Seiten und 36 Abbildungen auf Tafeln. Leinen

Richard Wagner
Briefe

Ausgewählt, eingeleitet und kommentiert von Hanjo Kesting. 1983. 679 Seiten. Leinen

Richard Wagner
Mein Denken

Eine Auswahl der Schriften. Herausgegeben und eingeleitet von Martin Gregor-Dellin. 1982. 416 Seiten. Serie Piper 264

PIPER

Serie Piper

Fritz René Allemann 26mal die Schweiz. SP 5106
Franz Alt Frieden ist möglich. SP 284
Altes Testament Hrsg. von Hanns-Martin Lutz/Hermann Timm/ Eike Christian Hirsch. SP 347
Jürg Amann Ach, diese Wege sind sehr dunkel. SP 398
Jürg Amann Die Baumschule. SP 342
Jürg Amann Franz Kafka. SP 260
Stefan Andres Positano. SP 315
Stefan Andres Wir sind Utopia. SP 95
Hannah Arendt Macht und Gewalt. SP 1
Hannah Arendt Rahel Varnhagen. SP 230
Hannah Arendt Über die Revolution. SP 76
Hannah Arendt Vita activa oder Vom tätigen Leben. SP 217
Hannah Arendt Walter Benjamin – Bertolt Brecht. SP 12
Birgitta Arens Katzengold. SP 276
Ernest Ansermet Die Grundlagen der Musik. SP 388
Ernest Ansermet/J.-Claude Piguet Gespräche über Musik. SP 74
Atomkraft – ein Weg der Vernunft? Hrsg. v. Philipp Kreuzer/ Peter Koslowski/Reinhard Löw. SP 238
Ingeborg Bachmann Anrufung des Großen Bären. SP 307
Ingeborg Bachmann Frankfurter Vorlesungen: Probleme zeitgenössischer Dichtung. SP 205
Ingeborg Bachmann Die gestundete Zeit. SP 306
Ingeborg Bachmann Die Hörspiele. SP 139
Ingeborg Bachmann Das Honditschkreuz. SP 295
Ingeborg Bachmann Liebe: Dunkler Erdteil. SP 330
Ingeborg Bachmann Die Wahrheit ist dem Menschen zumutbar. SP 218
Ernst Barlach Drei Dramen. SP 163
Giorgio Bassani Die Gärten der Finzi-Contini. SP 314
Wolf Graf von Baudissin Nie wieder Sieg. Hrsg. von Cornelia Bührle/Claus von Rosen. SP 242
Werner Becker Der Streit um den Frieden. SP 354
Max Beckmann Briefe im Kriege. SP 286
Max Beckmann Leben in Berlin. SP 325
Hans Bender Telepathie, Hellsehen und Psychokinese. SP 31
Hans Bender Zukunftsvisionen, Kriegsprophezeiungen, Sterbeerlebnisse. SP 246
Bruno Bettelheim Gespräche mit Müttern. SP 155
Bruno Bettelheim/Daniel Karlin Liebe als Therapie. SP 257
Klaus von Beyme Interessengruppen in der Demokratie. SP 202
Klaus von Beyme Parteien in westlichen Demokratien. SP 245
Klaus von Beyme Das politische System der Bundesrepublik Deutschland. SP 186
Der Blaue Reiter Hrsg. von Wassily Kandinsky und Franz Marc. SP 300

Serie Piper

Harald Bilger 111mal Südafrika. SP 5102
Norbert Blüm Die Arbeit geht weiter. SP 327
Jurij Bondarew Die Zwei. SP 334
Tadeusz Borowski Bei uns in Auschwitz. SP 258
Karl Dietrich Bracher Zeitgeschichtliche Kontroversen. SP 353
Alfred Brendel Nachdenken über Musik. SP 265
Raymond Cartier 50mal Amerika. SP 5101
Raymond Cartier Der Zweite Weltkrieg. Band I SP 281,
Band II SP 282, Band III SP 283
Horst Cotta Der Mensch ist so jung wie seine Gelenke. SP 275
Carl Dahlhaus Musikalischer Realismus. SP 239
Gerhard Dambmann 25mal Japan. SP 5104
Denkanstöße '85. SP 371
Georg Denzler Widerstand oder Anpassung? SP 294
Dhammapadam – Der Wahrheitpfad. SP 317
Ulrich Dibelius Moderne Musik I 1945–1965. SP 363
Hilde Domin Von der Natur nicht vorgesehen. SP 90
Hilde Domin Wozu Lyrik heute. SP 65
Fjodor M. Dostojewski Der Idiot. SP 400
Fjodor M. Dostojewski Rodio Raskolnikoff. SP 401
Fjodor M. Dostojewski Sämtliche Erzählungen. SP 338
Hans Heinrich Eggebrecht Bachs Kunst der Fuge. SP 367
Hans Eggers Deutsche Sprache im 20. Jahrhundert. SP 61
Irenäus Eibl-Eibesfeldt Liebe und Haß. SP 113
Irenäus Eibl-Eibesfeldt Krieg und Frieden. SP 329
Einführung in pädagogisches Sehen und Denken Hrsg. von
Andreas Flitner/Hans Scheuerl. SP 222
Theodor Eschenberg Die Republik von Weimar. SP 356
Jürg Federspiel Museum des Hasses. SP 220
Joachim C. Fest Das Gesicht des Dritten Reiches. SP 199
Iring Fetscher Herrschaft und Emanzipation. SP 146
Iring Fetscher Karl Marx und der Marxismus. SP 374
Iring Fetscher Der Marxismus. SP 296
Andreas Flitner Spielen – Lernen. SP 22
Fortschritt ohne Maß? Hrsg. Reinhard Löw/Peter Koslowski/
Philipp Kreuzer. SP 235
Viktor E. Frankl Die Sinnfrage in der Psychotherapie. SP 214
Richard Friedenthal Diderot. SP 316
Richard Friedenthal Goethe. SP 248
Richard Friedenthal Jan Hus. SP 331
Richard Friedenthal Leonardo. SP 299
Richard Friedenthal Luther. SP 259
Harald Fritzsch Quarks. SP 332

Serie Piper

Carlo Emilio Gadda Die Erkenntnis des Schmerzes. SP 376
Walther Gerlach/Martha List Johannes Kepler. SP 201
Jewgenia Ginsburg Gratwanderung. SP 293
Albert Görres Kennt die Religion den Menschen? SP 318
Goethe – ein Denkmal wird lebendig. Hrsg. von Harald Eggebrecht. SP 247
Erving Goffman Wir alle spielen Theater. SP 312
Helmut Gollwitzer Was ist Religion? SP 197
Tony Gray 5mal Irland. SP 5105
Martin Greiffenhagen Das Dilemma des Konservatismus in Deutschland. SP 162
Norbert Greinacher Die Kirche der Armen. SP 196
Grundelemente der Weltpolitik Hrsg. von Gottfried-Karl Kindermann. SP 224
Albert Paris Gütersloh Der Lügner unter Bürgern. SP 335
Albert Paris Gütersloh Eine sagenhafte Figur. SP 372
Albert Paris Gütersloh Sonne und Mond. SP 305
Olaf Gulbransson Es war einmal. SP 266
Olaf Gulbransson Und so weiter. SP 267
Hildegard Hamm-Brücher Gerechtigkeit erhöht ein Volk. SP 346
Hildegard Hamm-Brücher Der Politiker und sein Gewissen. SP 269
Wolfram Hanrieder Fragmente der Macht. SP 231
Bernhard Hassenstein Instinkt Lernen Spielen Einsicht. SP 193
Bernhard und Helma Hassenstein Was Kindern zusteht. SP 169
Elisabeth Heisenberg Das politische Leben eines Unpolitischen. SP 279
Werner Heisenberg Schritte über Grenzen. SP 336
Werner Heisenberg Tradition in der Wissenschaft. SP 154
Jeanne Hersch Karl Jaspers. SP 195
Werner Hilgemann Atlas zur deutschen Zeitgeschichte. SP 328
Elfriede Höhn Der schlechte Schüler. SP 206
Peter Hoffmann Widerstand gegen Hitler. SP 190
Peter Huchel Die Sternenreuse. SP 221
Aldous Huxley Affe und Wesen. SP 337
Aldous Huxley Eiland. SP 358
Aldous Huxley Die Kunst des Sehens. SP 216
Aldous Huxley Moksha. SP 287
Aldous Huxley Narrenreigen. SP 310
Aldous Huxley Die Pforten der Wahrnehmung – Himmel und Hölle. SP 6
Joachim Illies Kulturbiologie des Menschen. SP 182
François Jacob Das Spiel der Möglichkeiten. SP 249
Karl Jaspers Die Atombombe und die Zukunft des Menschen. SP 237
Karl Jaspers Augustin. SP 143
Karl Jaspers Chiffren der Transzendenz. SP 7
Karl Jaspers Einführung in die Philosophie. SP 13
Karl Jaspers Kant. SP 124

Serie Piper

Karl Jaspers Kleine Schule des philosophischen Denkens. SP 54
Karl Jaspers Die maßgebenden Menschen. SP 126
Karl Jaspers Nietzsche und das Christentum. SP 378
Karl Jaspers Philosophische Autobiographie. SP 150
Karl Jaspers Der philosophische Glaube. SP 69
Karl Jaspers Plato. SP 147
Karl Jaspers Die Schuldfrage – Für Völkermord gibt es keine Verjährung. SP 191
Karl Jaspers Spinoza. SP 172
Karl Jaspers Strindberg und van Gogh. SP 167
Karl Jaspers Vernunft und Existenz. SP 57
Karl Jaspers Vom Ursprung und Ziel der Geschichte. SP 298
Karl Jaspers Wahrheit und Bewährung. SP 268
Karl Jaspers/Rudolf Bultmann Die Frage der Entmythologisierung. SP 207
Tilman Jens Unterwegs an den Ort wo die Toten sind. SP 390
Walter Jens Fernsehen – Themen und Tabus. SP 51
Walter Jens Momos am Bildschirm 1973–1983. SP 304
Walter Jens Die Verschwörung – Der tödliche Schlag. SP 111
Walter Jens Von deutscher Rede. SP 277
Louise J. Kaplan Die zweite Geburt. SP 324
Friedrich Kassebeer Die Tränen der Hoffnung. SP 392
Wilhelm Kempff Was ich hörte, was ich sah. SP 391
Rudolf Kippenhahn Hundert Milliarden Sonnen. SP 343
Michael Köhlmeier Der Peverl Toni. SP 381
Leszek Kolakowski Die Gegenwärtigkeit des Mythos. SP 149
Leszek Kolakowski Der Himmelsschlüssel. SP 232
Leszek Kolakowski Der Mensch ohne Alternative. SP 140
Christian Graf von Krockow Gewalt für den Frieden? SP 323
Hans Küng Ewiges Leben? SP 364
Hans Küng Die Kirche. SP 161
Hans Küng 24 Thesen zur Gottesfrage. SP 171
Hans Küng 20 Thesen zum Christsein. SP 100
Konrad Lorenz Die acht Todsünden der zivilisierten Menschheit. SP 50
Konrad Lorenz Das Wirkungsgefüge der Natur und das Schicksal des Menschen. SP 309
Konrad Lorenz Über tierisches und menschliches Verhalten. Bd. I SP 360
Konrad Lorenz Über tierisches und menschliches Verhalten. Bd. II SP 361
Konrad Lorenz/Franz Kreuzer Leben ist Lernen. SP 223
Lust am Denken Hrsg. von Klaus Piper. SP 250
Lust an der Musik Hrsg. von Klaus Stadler. SP 350
Franz Marc Briefe aus dem Feld. Neu hrsg. von Klaus Lankheit/ Uwe Steffen. SP 233
Yehudi Menuhin Ich bin fasziniert von allem Menschlichen. SP 263
Yehudi Menuhin Variationen. SP 369

Serie Piper

Christa Meves Verhaltensstörungen bei Kindern. SP 20
Alexander Mitscherlich Auf dem Weg zur vaterlosen Gesellschaft. SP 45
Alexander Mitscherlich Der Kampf um die Erinnerung. SP 303
Alexander und Margarete Mitscherlich Eine deutsche Art zu lieben. SP 2
Alexander und Margarete Mitscherlich Die Unfähigkeit zu trauern. SP 168
Margarete Mitscherlich Das Ende der Vorbilder. SP 183
Christian Morgenstern Galgenlieder. SP 291
Christian Morgenstern Palmström. SP 375
Christian Morgenstern Werke in vier Bänden. Band I SP 271, Band II SP 272, Band III SP 273, Band IV SP 274
Neues Testament Hrsg. von Gerhard Iber. SP 348
Ernst Nolte Der Faschismus in seiner Epoche. SP 365
Ernst Nolte Der Weltkonflikt in Deutschland. SP 222
Pier Paolo Pasolini Accattone. SP 344
Pier Paolo Pasolini Gramsci's Asche. SP 313
Pier Paolo Pasolini Mamma Roma. SP 302
Pier Paolo Pasolini Teorema oder Die nackten Füße. SP 200
Pier Paolo Pasolini Vita Violenta. SP 240
P.E.N.-Schriftstellerlexikon Hrsg. von Martin Gregor-Dellin/ Elisabeth Endres. SP 243
Karl R. Popper/Konrad Lorenz Die Zukunft ist offen. SP 340
Ludwig Rausch Strahlenrisiko!? SP 194
Fritz Redl/David Wineman Kinder, die hassen. SP 333
Fritz Redl/David Wineman Steuerung des aggressiven Verhaltens beim Kind. SP 129
Rupert Riedl Evolution und Erkenntnis. SP 378
Rupert Riedl Die Strategie der Genesis. SP 290
Romain Rolland Georg Friedrich Händel. SP 359
Jörg Kaspar Roth Hilfe für Helfer: Balint-Gruppen. SP 389
Erasmus von Rotterdam Die Klage des Friedens. SP 380
Ivan D. Rožanskij Geschichte der antiken Wissenschaft. SP 292
Hans Schaefer Plädoyer für eine neue Medizin. SP 225
Wolfgang Schmidbauer Heilungschancen durch Psychotherapie. SP 127
Wolfgang Schmidbauer Sensitivitätstraining und analytische Gruppendynamik. SP 56
Robert F. Schmidt/Albrecht Struppler Der Schmerz. SP 241
Arthur Schopenhauer Metaphysik der Natur. SP 362
Schwabing Hrsg. von Oda Schaefer. SP 366
Hannes Schwenger Im Jahr des Großen Bruders. SP 326
Gerd Seitz Erklär mir den Fußball. SP 5002
Kurt Sontheimer Grundzüge des politischen Systems der Bundesrepublik Deutschland. SP 351
Robert Spaemann Rousseau – Bürger ohne Vaterland. SP 203

Serie Piper

Die Stimme des Menschen Hrsg. von Hans Walter Bähr. SP 234
Hans Peter Thiel Erklär mir die Erde. SP 5003
Hans Peter Thiel Erklär mir die Tiere. SP 5005
Hans Peter Thiel/Ferdinand Anton Erklär mir die Entdecker. SP 5001
Ludwig Thoma Heilige Nacht. SP 262
Ludwig Thoma Moral. SP 297
Ludwig Thoma Münchnerinnen. SP 339
Ludwig Thoma Tante Frieda. SP 379
Ludwig Thoma Der Wilderer. SP 321
Giuseppe Tomasi di Lampedusa Der Leopard. SP 320
Franz Tumler Das Land Südtirol. SP 352
Das Valentin Buch Hrsg. von Michael Schulte. SP 370
Karl Valentin Die Friedenspfeife. SP 311
Vor uns die goldenen neunziger Jahre Hrsg. von Martin Jänicke. SP 377
Cosima Wagner Die Tagebücher. Bd. 1 SP 251, Bd. 2 SP 252,
Bd. 3 SP 253, Bd. 4 SP 254
Richard Wagner Mein Denken. Hrsg. von Martin Gregor-Dellin. SP 264
Paul Watzlawick Die erfundene Wirklichkeit. SP 373
Paul Watzlawick Wie wirklich ist die Wirklichkeit? SP 174
Der Weg ins Dritte Reich. SP 261
Wege zum Sinn Hrsg. von Alfried Längle. SP 387
Johannes Wickert Isaac Newton. SP 215
Wolfgang Wickler Die Biologie der Zehn Gebote. SP 236
Wolfgang Wickler/Uta Seibt männlich weiblich. SP 285
Wolfgang Wieser Konrad Lorenz und seine Kritiker. SP 134
Sighard Wilhelm Geschichte der Bundesrepublik Deutschland. SP 256
Wilhelm Worringer Abstraktion und Einfühlung. SP 122
Wörterbuch der Erziehung Hrsg. von Christoph Wulf. SP 345
Heinz Zahrnt Aufklärung durch Religion. SP 210
Dieter E. Zimmer Die Vernunft der Gefühle. SP 227